U0434954

苏州文化丛书

百年观前

姜　晋
林锡旦　编著

苏州大学出版社

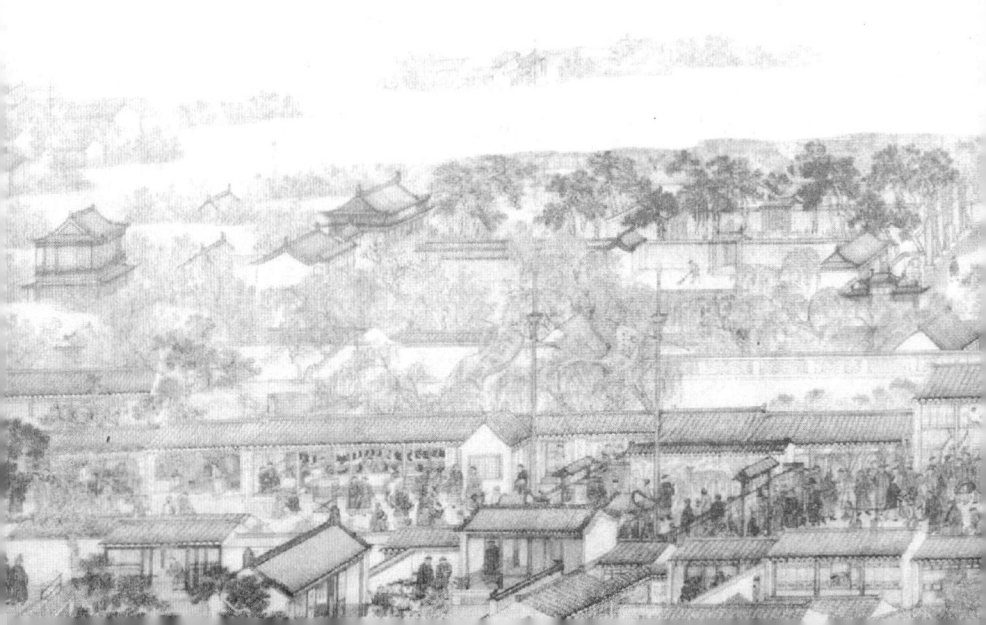

图书在版编目（CIP）数据

百年观前/姜晋,林锡旦编著. —苏州：苏州大学出版
社,1999.8(2022.1 重印)
（苏州文化丛书/高福民,高敏主编）
ISBN 978-7-81037-594-8

Ⅰ. 百… Ⅱ.①姜…②林… Ⅲ.①城市道路-简介-江
苏-苏州市②观前街-简介 Ⅳ. K928.79

中国版本图书馆 CIP 数据核字（1999）第 39630 号

百 年 观 前		姜 晋 林锡旦 编著	
责任编辑	董张维	责任校对	刘 海

出版发行	苏州大学出版社 （苏州市十梓街 1 号 215006）
经 销	江苏省新华书店
印 刷	丹阳兴华印务有限公司 （丹阳市胡桥镇 212313）
开 本	850mm×1 168mm 1/32
字 数	146 千字
印 张	7.625
版 次	1999 年 8 月第 1 版 2022 年 1 月第 5 次印刷
印 数	14001－15000 册
标准书号	ISBN 978-7-81037-594-8
定 价	23.00 元

《苏州文化丛书》编委会

主　编　高福民　高　敏

编　委　（以姓氏笔画为序）

成丛武　朱水南　吴国良

吴培华　张季裕　陆　凯

沈海牧　陈少英　陈长荣

陈　嵘　周矩敏　耿曙生

执行编委　陈长荣

执行编务　缪　智　唐明珠

朱钧柱　赵高潮

《苏州文化丛书》总序

梁保华

　　苏州的历史源远流长,建城二千五百多年以来,文化积淀十分深厚。在这块得天独厚而又美丽富饶的土地上,世世代代的苏州人在创造物质文明的同时,也创造了灿烂的吴地文化,并以其独树一帜的风格而在华夏文化史上占有着重要的位置。

　　苏州地灵水秀,人文荟萃。先辈们在这里留下了丰厚的文化遗产。其丰厚性体现在古城名镇、园林胜迹、街坊民居以至丝绸、刺绣、工艺珍品等丰富多彩的物化形态,体现在昆曲、苏剧、评弹、吴门画派等门类齐全的艺术形态,还体现在文化心理的成熟、文化氛围的浓重,等等。千百年来苏州人才辈出,如满天繁星,闪烁生辉。文化底蕴的厚重深邃和文化内涵的丰富博大,是苏州成为中华文苑艺林渊薮之区的重要原因。

　　面对这么丰厚的文化遗产,我们有理由

为此感到光荣与自豪，但不应当因之而自我陶醉。文化之生命力在于繁衍不绝、生生不息的传承和开拓，文化长河之内在生机在于奔腾不息、永不终止的流淌与前进。苏州的文化经久不衰，源于世世代代不息的继承和传播，在继承优秀传统的同时，又正是由于一代一代人的辛勤探索与不断创新，使苏州的文化日益根深叶茂，绚丽多彩。

我们处在一个伟大的时代，苏州人民正沿着建设有中国特色的社会主义道路阔步前进。我们的目标是，努力把苏州建设成为一个经济发达、科教先进、文化繁荣、生活富裕、社会文明的地区，成为二十一世纪新的"人间天堂"。社会主义现代化应该有繁荣的经济，也应该有繁荣的文化。文化的繁荣，渊源于悠久的历史，植根于今天的实践。全面、系统而深入地研究苏州文化资源开发与现代化建设之间的关系，这是我们社会主义文化建设的题中应有之义。历史赋予我们这一代人的一项任务，就是要认真总结、研究与继承优秀传统文化，充分挖掘苏州文化的丰富宝藏，博采八方精华，古为今用，推陈出新，更好地为社会主义现代化建设服务。

苏州市文化局和苏州大学出版社编辑出版一套《苏州文化丛书》，是苏州文化建设中一件很有意义的事情。有感于斯，写了以上的话，聊以为序。

1999 年夏

《苏州文化丛书》总序

陆 文 夫

    苏州是个得天独厚的地方。得天独厚不完全是土地肥沃,气候温和,还在于它的文化积淀的深厚;地理的优势是得于天,文化的优势是得于人,天人合一形成了苏州这一座历史文化名城。

    每一个地方都有它的历史与文化。历史是人类生活的轨迹,文化是人类精神的产品,产品有多有少,有高有低,从一个地区的总体上来看,人们拥有精神产品的多少与高低与人的素质是密不可分的。

    我不敢说苏州是全国文化最发达的地区,也不敢说苏州的伟人和名家就比其他的地区多,但是有一点要感谢我们的祖先和时代的先驱,是他们全方位地发展了苏州的文化,使得苏州文化的综合实力在全国占有优势。一个国家的强大与否,要看它的综合国力,一个地区的文化是否昌盛,也要看它的综合实力。苏州文化的优势是在于它的综合实力强大,文化门类比较齐全,从古到今一脉相承,只有发展,没有中断,使得每一个文化的门类都有一定的成就。

苏州园林已经列入了世界文化遗产,这仅仅是苏州文化的一个侧面,即使从这一个侧面来看,就能看出造园艺术的登峰造极需要多少文化精品的汇合,诸如建筑、绘画、雕刻、堆山叠石、花木盆景、诗词楹联、家具陈设……每一项都是苏州文化的一个门类,都能写几部书。

苏州市文化局与苏州大学出版社推出一套《苏州文化丛书》,囊括了苏州的戏剧、绘画、园林、街坊、名人、名胜、民俗、考古、工艺……向世人展示苏州文化的综合实力,用以提高苏州人的文化素养,提高人的素质,用以吸引与沟通五湖四海的朋友。文化的沟通是一种心灵的沟通,具有一种强大的凝聚力,谁都知道,一个民族的凝聚力主要来自于其民族文化,一个地区的吸引力和凝聚力恐怕也是如此。

1999 年 7 月 21 日

目　录

玄都古迹……………………………（1）

玄妙观来历……………………………（2）

玄妙观的宏伟建筑群…………………（11）

玄妙观十八景…………………………（26）

玄妙观的道教活动……………………（28）

观前街的兴起………………………（35）

观前的变迁……………………………（36）

观前的繁荣……………………………（51）

观前的商市……………………………（56）

荡观前习俗…………………………（74）

白相玄妙观……………………………（75）

各取所需荡观前………………………（79）

玄妙观众生相………………………（86）

露天篷台惊怪杂技……………………（87）

猢狲出把戏……………………………（89）

卖拳头与江湖功夫……………………（90）

朱松官卖蛇胆眼药……………………（92）

"小无锡"面摊与"大树边酒酿"……（94）

三清殿里的"画画张" ……………… (98)

卖"扯铃",驯鸟吃"飞食" ……… (100)

民间信仰活动在观内 …………… (104)

观前老字号 …………………………… (108)

酱肉陆稿荐 ……………………… (109)

腌腊生春阳 ……………………… (112)

糕饼稻香村 ……………………… (114)

茶食叶受和 ……………………… (117)

糖果采芝斋 ……………………… (119)

糕团黄天源 ……………………… (123)

妆品月中桂 ……………………… (128)

绸布乾泰祥 ……………………… (131)

北局今昔 ……………………………… (136)

昔日北局一览 …………………… (137)

开明大戏院及影院、书场 ……… (139)

人民商场与今日北局 …………… (145)

吃煞太监弄 …………………………… (148)

苏州菜肴的话题 ………………… (148)

从吴苑茶楼说起 ………………… (151)

话说松鹤楼 ……………………… (153)

得月楼与今日太监弄 …………… (159)

从牛角浜到皮市街 …………………… (169)

镶牙店与旧书铺 ………………… (170)

算命骗术与其他旧俗 …………… (172)

花鸟虫鱼闹新市 ………………… (175)

观前商业文化 ……………………（181）

茶馆、艺摊有雅兴 ………………（181）

陆益元堂与东来仪………………（186）

流连新华书店 …………………（190）

工艺奇葩桃花坞年画……………（195）

苏州购物中心的"雅文化"商品……（200）

今日观前………………………（205）

附录………………………………（212）

黄昏的观前街……………… 郑振铎（212）

苏州观前大街的黄昏……… 浮　萍（217）

观光玄妙观………………… 周瘦鹃（222）

玄都古迹

著名记者、作家曹聚仁曾说："苏州风光，第一件大事，就是上观前街，进吴苑吃茶。观前，有如北京的东安市场，南京的夫子庙，上海的城隍庙，也是百货大市场；玄妙观只是一景。假使真有白娘娘，她一定会和许仙到那儿去烧香的，那儿有许多吃食店，豆浆、粽子摊；老少妇孺，各得其所。我们上街蹓跶，不知不觉到观前。"这已经将我们要说的观前形象简要地作了一个引子。

百年观前，先说玄妙观。因为所谓观前，是由玄妙观而来。观前，就是"天庆观前"、"玄妙观前"，是"观"的前面的一条街，这是观前街名称的由来。旧时候玄妙观内桃花盛开，飞絮遍地，灿若云锦，因此观前又被咬文嚼字的文人赐予"碎锦街"的美名。既然观前由"观"而来，不妨先看一下玄妙观的历史。

玄妙观来历

吴越春秋时期,伍子胥建造苏州城,就相土尝水,象天法地,在姑苏山东北三十里,选地造作阖闾大城,周围四十七里,陆门八,以象天八风,水门八,以象地八卦。作子城,周十里。从此,阖闾大城逐步形成了现在的苏州城。子城后成为平江府署及张士诚王宫,相传即今王废基地块。当时在阖闾大城之中,前朝后市,左祖右社,仓廪府库,无所不备。此事距今已二千五百余年。

在这里,有两件事可以先交待一下。一是伍子胥建城的象天法地之举,这里面有中国古代就已流行的风水八卦的影子,受到道家思想的影响。先秦老子为道家创始人,提出"道生一,一生二,二生三,三生万物"和"天下万物生于有,有生于无"的观点,以及"祸兮福之所倚,福兮祸之所伏"等辩证思想。至东汉,张道陵奉老子为教祖,尊称老子为太上老君,道教由此繁衍,并传入苏州。西晋咸宁二年(276年),苏州建起真庆道院即今玄妙观前身,有道士李知常。玄妙观的历史追溯起来,已有一千七百多年了。再一件就是玄妙观建造的位置。据传,阖闾称王前的居处就在今玄妙观一带,伍子胥建阖闾大城和子城,子城在市中心正前方,向后移即是玄妙观。玄妙观建立在市中心中轴线偏后一点。按前朝后市的说法,则玄妙观本应是热闹的市口。这些都是猜测,已难详考(图1是现在能见到的最早的玄妙观照片)。

再说玄妙观的前身真庆道院,由于年代久远,没有留下多少有关资料，但东晋太宁二年，晋明帝司马绍居然一次梦见三清道祖云驾幸驿苏州，于是下旨重修道院，并改名为上真道院。在始建初期就得到帝皇重视，可谓开端良好。

图 1　玄妙观（1905 年左右摄）

到了唐代，唐皇姓李，高攀前贤，自称老子后裔，尊之为太上玄元皇帝，并敕令两京及诸州均建立玄元皇帝庙。既为帝皇太庙，自然就贵为第一。唐开元二年（714 年），玄宗李隆基赐内帑扩建上真道院，道光年间的《玄妙观志》中说改称为开元宫；但在"宫巷"条说明中又言玄妙观唐称紫极宫。可能是唐代名称有过变更，各人记载不一。当时苏州著名诗人皮日休有《伤开元顾道士》诗云："协晨宫上启金扉，诏使先生坐蜕归。鹤有一声应是哭，丹无余粒恐潜飞。烟凄玉笋封云篆，月惨琪花葬羽衣。肠断当年旧游处，五芝无影草微微。"可知皮日休与开元宫顾道士有深交，以至有"肠断当年旧游处"的哀思之情。唐大顺元年，因地方藩镇孙儒勾结朱

— 3 —

百年观前

全忠兵变,攻陷苏城,开元宫四周建筑大多被毁,仅存正殿和南面的山门(图2、图3是现在能见到的最早的玄妙观正山门的照片)。这是第一次遭劫难。

图 2　正山门(1950 年摄)

后经五代至北宋近百年时间,先后修复并兴建了玉皇殿、天医殿、转藏丰都殿、十王诸殿。至北宋太平兴国元年,开元宫扩建为太乙宫。宋大中祥符五年(1012 年),宋真宗赵恒敕改太乙宫为天庆观,敕封该观道士李志升为左阶道箓司,并赐内帑大修道观,又新建东西垣墙和庑廊,招聘擅长山水、宫阙、人物、禽兽的众多画师,合作绘成"三天天宫胜景"巨幅壁画,并敕颁"金宝牌"永镇观内。宋仁宗时又改建山门,新建山门更加挺拔庄严。苏东坡有诗称:"春风欲向北风微,归雁亭边送雁归。蜀客南游家最远,吴山寒尽雪先稀。扁舟去后花絮乱,五马来时宾从非。惟有道人应不忘,抱琴无语立斜晖。"宋徽宗赵佶又是特别崇敬道教的,自称教主道君皇帝,皇上当教主,自然大建宫观,格外开恩,又敕

— 4 —

玄都古迹

赐昆山田五十顷为天庆观香火田。经这一百多年来的不断扩建和当朝的重视,天庆观达到了鼎盛时期,成为江南最显要的道观。

图3　正山门和前面的宫巷(1930年摄)

南宋建炎初,金兵南下,寺观惨遭焚毁。自南宋绍兴十六年起,苏州太守王焕、陈岷先后发起修复天庆观,再度延请画师彩绘壁画,绘成"灵宝度人经变相",重使灵壁焕彩。淳熙六年三清殿又遭焚毁,当时提刑赵伯骕亲自画天庆观图样进呈孝宗,宋孝宗敕诏"依样建造",淳熙八年(1181年)建成,孝宗御书赐额"金阙寥阳宝殿"。这就是流传至今的三清殿。由于帝王的扶持,苏州道教得以兴盛。在宋《平江图》上天庆观形制端庄对称,雄崎市中心中轴线上。这是目前见到的第一幅玄妙观前身的布局图。

到了元代至元十八年(1281年),由邱长春等3名全真教祖奏请元世祖忽必烈,将金阙寥阳宝殿(时值宋亡后,匾

— 5 —

百 年 观 前

额已废)改名为"三清殿"。元成宗元贞元年(1295年),诏改天庆观为玄妙观,玄、元相通,人们亦称之为元妙观。元代吴全节有《元妙观》诗赞道:

> 榴皮画壁走龙蛇,池上芭蕉又见花。
> 北阙恩承新雨露,西湖光动旧烟霞。
> 春风日长元都树,秋水星回碧汉查。
> 修月功成三万户,蕊珠宫里诵南华。

从历史上玄妙观的几个名称来看,玄妙观的名称最为贴切,因为这是根据老子《道德经》中"玄之又玄,众妙之门"一语而取名的。这是说深奥而又深奥,是洞悉万物奥妙的门径。玄妙观的名称正合老子所谓的道。

元代道教并为两大教派,北方为全真教,由王重阳开创,以"澄心定意、抱元守一、存神固气"为"真功","济贫拔苦、先人后己、与物无私"为"真行",功行俱全,故名全真。不尚符箓,不事烧炼;道士须出家,不结婚,并禁食荤腥,称为全真道士,又称出家道士。南方为正一道。西晋永嘉年间张道陵第四代孙张盛移居龙虎山,尊张道陵为"正一天师",其名渐显,而以"天师道"著称,至元朝成宗大德八年,授张道陵第三十八代后裔张与材为"正一教主",主领三山符箓。正一道可以不出家,在家设坛,可娶家室,可在斋期以外饮酒吃肉,称为正一道士,又称在家道士(火居道士)。日久,道士从信仰道教转变为以道教为职业,如道教斋醮、符箓,有部分道士逐渐成为世代家传。因此正一道士又可分为三等,依

— 6 —

次为家传道士、奔赴应道士、香火道士。道观道士的法名,按照张天师传下的五十字排列为:"守道明仁德,全真复太和,至诚宣玉典,中正演金科,冲汉通玄蕴,高宏鼎大罗,武当兴愈振,福海起洪波,穹窿扬妙法,寰宇证仙都。"未经拜法的道士,就不得取其辈分。

明代对宗教活动加强了集中管理,在京置道录司,府置道纪司,苏州因此也设道纪司,并陆续兴建了一些道观,如春申君庙、安齐王庙等。苏州道士奉江西龙虎山张天师法篆,属于正一派,所以玄妙观被更名为"正一丛林"。

明代冯梦龙在《警世通言》中写到当时的玄妙观:"话说苏州府城内有个玄都观,乃是梁代所建,唐刺史刘禹锡的诗道:'玄都观里桃千树',就是此地。一名为玄妙观。这观踞郡城之中,为姑苏之胜。基址宽敞,庙貌崇宏,上至三清,下至十殿,无所不备。各房黄冠道士,何止数百。内中有个北极真武殿,俗名祖师殿。这一房道士,世传正一道教,善能书符遣将,剖断人间祸福。"这里把作为姑苏之胜的玄妙观与世传正一道教讲得很清楚了。

清代沿袭明制,设官衙管理道教事务。玄妙观在清代也得到了当朝帝王的重视,成为名重江南的道观。康熙初年,募得白金四万两,历时三年,再度建修三清殿。康熙名玄烨,因避讳,遂将玄妙观改称圆妙观。在清代侠义小说《乾隆游江南》一书中,对乾隆年间的玄妙观作了表述。第五十七回谈到,高天赐(乾隆化名)与周日青抵苏垣,先着日青上岸,在玄妙观左近择了鸿运来的客寓。两人当晚就一早安歇。次日早间,来到玄妙观门首,那里茶房酒肆,多如林密。那些游

— 7 —

百年观前

玩之人亦甚不少,都在这左右各处玩耍。观内一带所有那些三百六十行,竟无一件没有。北首栅栏面前拥着一撮人,在那里站立,天子就上去一看,只见布棚之下,设了一张方桌,桌上有许多书卷,两边摆列椅凳,棚上挂了个软布招牌,上写着"高铁嘴"三字,下面五个大字是"善相天下士"。天子看见道:"原来是个相面先生,某倒要请他相相面,看他可相得出来。"就分开众人,旁边椅子坐定。只见高铁嘴先说了几句江湖话,道:"八字生来不可移,五行内外有高低。欲知祸福先注定,须向高人叩指迷。高某铁嘴,乃四川成都府人氏。少习诗书,壮精相法,柳庄麻衣,各家通晓。只因路过此地,欲结交几个英雄豪杰,故尔在这元妙观卖相。如有赐教的,不妨请过来谈谈。相金不拘多寡,若不灵验,分文不取。"玄妙观本多医卜星相,书中将玄妙观相士绘声绘色、活灵活现地勾画了出来。这高铁嘴将天子一看,赶忙将布棚收下,桌上书卷以及一切物件皆打好包袱,向他俩说道:"二位尊寓在何处?此地非谈心之所,小人一同到尊寓行礼罢!"这高铁嘴一眼就看出乾隆贵相,这当然是小说家言。但乾隆确是到过苏州玄妙观,并多次为玄妙观题字。乾隆十六年(1751年),乾隆帝第一次南巡时,到玄妙观虔诚地行香;乾隆二十二年(1757年),他第二次南巡到苏,曾手书"清虚静妙"四字赐给三清殿;乾隆二十七年(1762年),第三次南巡又题"太初阐教"、"梵籁清机"匾额给玄妙观正殿,并题对联:"圆笯叶三元仁宣橐篰,妙机含万有寿溥垓埏。"匾额与对联至今仍保存在三清殿。清嘉庆二十二年(1817年),三清殿曾遭雷击,后由尚书韩葑等人发起修复,咸丰年间由浙江红

— 8 —

顶商人胡雪岩出面又予修葺。玄妙观在清代一直兴盛。

位于市中心的玄妙观,在辛亥革命刚胜利时还一度作了临时议事会场。当时吴县议事会假座玄妙观方丈室成立,额设议员65名,到会49名,互选正副议长,同时选举13名县参议员。会议依据江苏临时议会通过的暂行市乡制关于人口满5万者为市,不满者为乡的规定,正式划分为7市21乡。作为政治活动的中心,这在玄妙观历史上仅此一次。

解放以后,为保护文物古迹,1956年苏州市人委对玄妙观进行了一次全面的清理和整修,翻修了正山门、三清殿,增建了东西抚廊,修砌了御道,但许多配殿由于陆续出租和拆除,昔日玄妙观的宏伟景致正在消退。"文革"期间,玄妙观一度被改为东风广场,并作为批斗会场,一时间乾坤颠倒,令人扼腕。

改革开放以来,党的宗教政策得到全面恢复和落实。苏州市人民政府于1980年批准再次重新修建三清殿、正山门,修复了"文革"中被损的三清法身,在三清殿露台重置由民丰锅厂铸造的万年宝鼎(即冲天香炉),并于1981年10月正式对外开放。

1982年,怀虚道人题联相赠:"道通天地有形外,思入风云变幻中。""三千年桃子结,五百里贤人聚。"意旨深远。1986年添置抱柱对,苏州书法家程可达书联为"蓝天神仙路,青衫道士家。"清风仙骨,淡淡描出。经罗哲文等专家鉴定,认为三清殿为全国现存最古的南宋最大殿宇,因此1998年市政府实事工程之一就是对三清殿作了更为完善的修葺。1999年1月15日举行了三清殿整修工程竣工及

— 9 —

百年观前

神像开光典礼,拉开了整个观前街地区整治改造的序幕(图4)。

图4 1999年1月三清殿整修工程竣工典礼

当然,以上这些对于年代久远的玄妙观来说只是小修小补。由于历史的原因,玄妙观早已成为小商贩的市场,东面一排是服装、日杂修补,西面一排是各式小吃、服装裁剪,一些配殿从出租到拆除,早已面目全非,正山门被挟持在肯德基连锁店和西部啤酒牛扒城之间(图5)。曾闻名海内外的玄妙观到了需要重新赋予其恰当的历史地位的时候了。于是,市委、市政府把1999年的观前整治更新工程及时提上了议事日程并立即付诸实施。

玄都古迹

图 5　1999 年观前整治前的正山门

玄妙观的宏伟建筑群

昔日玄妙观全盛时占地面积约 52 亩,其格局分为中、东、西、北四路。参照道光年间《玄妙观志》附图,可以描绘如下:玄妙观是整体道观的总称,由许多配殿和其他附属建筑组成(图 6)。中路建筑为大门(正山门)、主殿(三清殿)、副殿(弥罗宝阁)。正山门东西两旁是八字形黄照墙,黄照墙两头开辟东、西角门(俗称脚门)。东角门门额朝南正面题"吉祥",背后朝北题"长生";西角门门额朝南正面题"如意",背后朝北题"众妙"。东西角门都有一条通道,是行人出入之路,直达玄妙观底。东路建筑从南向北依次为神州殿、太阳宫、天医殿、真官殿、天后殿、文昌殿、祖师殿、斗姆阁、

— 11 —

百年观前

火神殿、三茅殿、机房殿、关帝殿、东岳殿、痘司殿等14座配殿。西路建筑从南向北依次由雷祖殿、寿星殿、观音殿、三官殿、灶君殿、八仙殿、水府殿等7座配殿组成,殿与殿彼此毗连。北路建筑从东向西依次由肝胃殿、裹衣真人殿、萨祖方

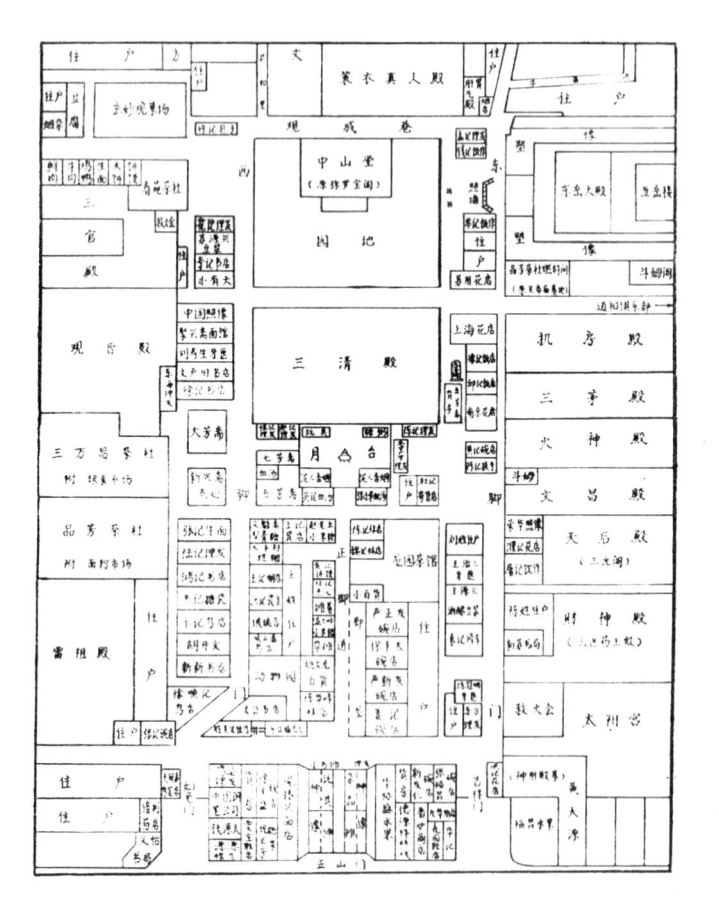

图6　玄妙观平面示意图(1949年)

— 12 —

丈殿组成。在三清殿左右侧前方还有四角亭、六角亭各一座,四角亭后有行宫,六角亭后有长生殿。当时的玄妙观前后左右殿宇,包括正山门,计有28座。可以想见,如此宏伟壮丽的玄妙观建筑群,坐镇在苏州城的市中心,怎么会不热闹成市呢?玄妙观的种种市面,将在下文一一详述。

单就玄妙观建筑群来说,其格局和规模竟然和故宫相似,都处于古都中轴线的位置上,都是广殿宏宇,重檐轩昂,只不过故宫是人间帝王的宫殿,而玄妙观是天上神灵的宫阙。不论天上人间何人享用,玄妙观确实集中体现了当时能工巧匠的智慧和才能。玄妙观不仅充满了道教所特有的宗教信仰色彩,而且也充分展现了整个建筑群就是一件宏伟的艺术品,留存至今成了一座建筑艺术博物馆。

从玄妙观正山门劈对的宫巷看正山门(图3),是一座五开间的大殿宇,挺拔俊伟,这是玄妙观的大门。其旨意也和其他寺院道观的山门一样,是红尘与仙境的界限。门外是红尘世界,进入山门便出尘入仙。山门一般是三门并立,象征"三解脱门",即空门、无相门、无作门,故又称"三门"。这三个门通常盖成殿堂式,所以称为三门殿或山门殿。它与玄妙观一起始建于晋咸宁二年(276年),唐宋时曾毁,宋皇祐年间重建。清乾隆三十八年(1773年)失火烧毁,四十年(1775年)巡抚萨载重修。因此这是在宋代建筑基础上的修复,也是极为珍贵的宋代建筑。正山门大殿为重檐歇山顶,上盖筒瓦,屋脊高约10米。老远抬头望去,屋脊朝南面写有"帝德覃敷"四个大字;穿过山门返身仰望,朝北面写着"象洽和太"四个大字。到了玄妙观,最先给人的印象便是正山

百年观前

门大殿的雄姿,正山门也成了整个玄妙观的标志性建筑。

进入山门,迎面即见一块竖头匾,上书"圆妙观"三个大字,这是清末通州名士沙映所书,笔力浑厚,字态端庄。"文革"中这块名士书匾失落民间充作门板使用,后由市文管会收去保存,但四周已无边框,底板亦受损坏,所幸"圆妙观"三字尚存,经整修后仍是原物模样,完璧归正山门。门内前半间,左右两侧,原来分别列着名为"辟非"、"禁坛"两位将军,后半间又塑着和寺院中四大金刚相似的四位天神,是道教的护法神马、赵、温、王四大天君的塑像。道教在设斋建醮、请神作法时必请此四大天君来。相传这是元代雕塑作品,冠盔披甲,手持枪剑,威武高大,形象生动。可惜这些神像于"文革"初期全部被毁,1981年整修时,只能暂时以壁画代替。这四大天君中的赵天君,乃是赵玄坛,赵公明,人称"赵公元帅"的财神爷。专门记述苏州风俗的《清嘉录》中载:"十五日为玄坛神诞辰。谓神司财,能致人富,故居人多塑像供奉。"这是那时人们企盼财神为玄妙观作守护神,使玄妙观财气旺盛的表现。

从正山门进去,前面就是整齐的御道,御道尽头就是宏伟壮观、气宇轩昂的三清殿。作为玄妙观主殿的三清殿,不但在江南绝无仅有,而且在全国也没有这样巨大的南宋建筑。其气势只有北京故宫太和殿和山东曲阜大成殿可与之相比,但这些建筑的年代都远远晚于南宋,所以苏州玄妙观三清殿称之为国宝也是当之无愧的。由于三清殿在我国建筑史上占有的重要地位,1982年2月23日被国务院列为全国重点文物保护单位。现存的三清殿,为南宋淳熙六年

— 14 —

玄都古迹

(1179年)所重建,经历代修缮,仍保持南宋风貌。这是一座九开间的大殿堂,宽44米,深25米,重檐歇山顶,高约26米,台基占地约1 500平方米。远看那重檐歇山顶,翼角翚飞,屋脊高达10余米,但屋顶坡度较平缓,出檐较深,形成宽广的大殿气势。屋脊正中高耸铁铸的"平升三戟",两端翘起一人多高的砖刻大龙头,形神兼备,欲奔天庭。屋脊南面书有"风调雨顺、国泰民安",北面还有"皇图永固、帝道遐昌"。在建筑上的特色是檐下斗拱庞大疏朗,雄健壮硕,斗拱上昂之势正是宋代营造法式,已成为国内孤例。内转角铺作在后金柱上用插拱,也是国内现存最古的实例。走近昂视,三清大殿高峻宏敞,给人以登临宝殿之感。

走到三清殿门前,屋檐下那块"妙一统元"的匾额特别醒目。民间相传这是金兀术手书,但年久失修,上面的字迹模糊不清了,尤其是"一"字,在整修时无法描画。正当犯难之时,旁边一位卖柴老农说让我试试看。他脱下草鞋,饱蘸墨汁,从左向右一划,果然和原字一模一样。人们在拍手叫好的同时,询问老农的来历。老农说:"我一字不识,平时到露台上见上面一划特别好,就天天描划,默记在心,所以刚才也是这么一划就划出来了。"说者轻松,其实揭示了熟能生巧,功到自然成的道理。这个传说使许多人对这块"妙一统元"匾产生兴趣,仔细端详。其实这匾上四个大字是清代康熙年间苏州金之俊所书写。金之俊为康熙时太傅,三清殿二檐正中上方一块竖头匾上书"三清殿"三个正楷大字也是金之俊所书,笔力苍劲。可惜的是这两块匾在"文革"中都散佚,现在匾额是当代书家谢孝思所书。

— 15 —

百年观前

走进三清殿的大门，最引人注目的是迎面三尊金塑法身。这三尊法身高约7米有余，都塑得慈眉善目，表情和蔼，姿态凝重，神采奕奕。有的信徒一进正山门，见神像就叩头拜神了，有的人是要到三清殿才烧香求拜的。有道是：不见真佛不烧香。因为三清殿正中这三尊法身是道教最高层次的尊神，当年乾隆皇帝到玄妙观，见了三清像也是纳头便拜。天神贵于人帝，人间不如天庭。许多顶礼膜拜的人只知烧香求拜，闭目合掌，默念祈祷，可未必知道这三清的尊号和来历。所谓"三清"，就是道教三位最高神的合称。坐在正中的称"玉清元始天尊"，东为"上清灵宝天尊"，西为"太清道德天尊"。元始天尊为第一神，元始意为本原、开始，据道教有关辞书称：元始天尊，由始气化生，为天宝君，居天界最高的清微天玉清仙境，故称玉清。道教认为三清皆为元始天尊的化身，因而有"一气化三清"之说。塑像常是左手虚拈，右手虚捧之形，象征天地未形、万物未生，连元气也未形成的混沌状态——无极。灵宝天尊，由元气化生，为灵宝君，居禹余天上清仙境，故称上清。塑像常是双手捧一半黑一半白的圆形阴阳镜，象征刚从无极状态衍生出来的元气——太极。道德天尊，由玄气化生，为神宝君，居大赤天太清仙境，故称太清。塑像常是手拿一把画有阴阳镜的扇子，象征太极元气已分化出阴阳二气，即太初时期的玄气。据传，道德天尊托胎于玄妙玉女体内，从左胁而生，因怀孕多年，生下来就是满头白发，故称"老子"。老子原为春秋时期的哲学家、道家学派的创始人，据传生于李树下，指树为姓而姓了李，名聃。东汉张道陵创建道教，便尊老子为祖师，称"太上

— 16 —

老君"。

知道了这三位天尊的来历,再加上民间流传的《封神榜》故事,天尊的法力无边怎能不令人肃然起敬?人生的烦恼本来就多,烧香求拜,祈祷平安如意的也就多了。"文革"期间"破四旧",三清神像惨遭破坏,受损严重,正中元始天尊甚至被取下首级。由于是香樟木制成,为消灭"四旧"就付之一炬。三清大殿也一度被用作阶级教育展览会,并陈列收租院泥塑。1981年,市政府重新修复玄妙观,三清法身也予以整修再塑,特请苏州市工艺美术研究所退休的三教神像专家周福民作技艺指导,将2米多高的元始天尊头像重新制作安装上去,做到尺度吻合,天衣无缝,再次显示了苏州艺人的高超技艺。

进入三清殿,再观赏殿内建筑艺术,也会令人肃然起敬。三清殿宽广的大殿,由40根朱漆丹柱和30根八角形石柱子撑起。殿内朱漆丹柱须两人合抱,均系平头柱,上置斗拱结构,望上看,橡角桁条全部用大木料榫头构建,上盖彩绘承尘,柱础为圆形覆盆与盆唇各一层。巡殿四周,墙壁内八角形石檐柱露出有六面,每面凿有一个天尊圣号,共有180个天尊圣号。这一设计必须与原坐落在三清殿后面的弥罗宝阁内的设计联系起来看,才知其中的奥妙。弥罗宝阁内也是用30根八角形石檐柱,同样凿有180个天尊圣号,两处合计360个天尊圣号,象征一年360天。

殿内还保存有唐代吴道子所绘老君像石刻(图7),刻于宋宝庆元年(1225年),上面还有唐玄宗李隆基撰颜真卿书写的赞,这是苏州现存最早的图像碑刻。碑上老君画像神

态生动、庄重，为白描画，
线条流畅，笔迹洗练劲爽。
吴道子用状如兰叶或状如
莼菜条的笔法来表现衣
褶，有飘逸之势，人称"吴
带当风"。吴道子的人物画
像在唐代即声名独显，被
誉为"画圣"。吴道子中年
后一改早年细而稠密的风
格为遒劲圆润，笔不周而
意周，《历代名画记》评其
"笔才一二，象已应焉"，后
世称为"疏体"。在这块画
像碑上，吴道子用焦墨勾
线的特点十分明显，正具
此特色，因此是吴道子中
年后的作品。碑上的吴道

图7　三清殿内老子像碑

子画老君像、唐玄宗的题赞、颜真卿的书法，由张允迪所摹
刻，因此被誉为"四绝"碑。蒋吟秋先生有诗赞曰：

崔巍古殿号三清，遗迹繁多好景盈；
石刻争传吴道子，老君画像最有名。

殿前建有宽广的露台。宽敞开阔的露台，也衬托了三清
殿的巍峨雄姿；登上三清殿露台，人们更能感受到这座大殿

玄都古迹

的赫赫气势。露台上的万年宝鼎,终日香烟缭绕,给道教圣
地增添了氤氲氛围。露台东、南、西绕以青石雕栏,栏板上浮
雕系飞禽走兽、人物故事,颇有汉画像石遗风,极为精美,传
为五代时作品。人们每次来三清殿,最喜欢的还是在殿前这
片敞阳的露台上驻足浏览。可以看来来往往的信徒们进香,
看他们带着各种希望来,带着不同的满意而去;也可以看石
栏边那些悠闲的人,有无所事事晒太阳的,有遛鸟闲逛的,
有各种身份、各种情趣的,到此露台也都露露相,让人费猜。
如果仔细观赏露台石雕栏,依稀可以辨认出"双龙戏珠"、
"鲤鱼化龙"、"鹿饮东海"、"麒麟祝寿"等图形。历经风雨,这
石栏杆还特别地坚牢,是因为当初建造时用熔化的生铁浇
灌,如铁钉钉牢,所以称为"钉钉石栏杆",成为玄妙观十八
景之一(图8)。

图8 三清殿前的石砌露台

— 19 —

百年观前

在三清殿后面，原有一座殿宇，也是九开间阔，高有三层，是玄妙观建筑群中最高的殿宇，十分壮观。这便是老苏州常会谈论起的弥罗宝阁。

清康熙时宜兴词家陈维崧在金秋之日登姑苏玄妙观弥罗宝阁，曾写了沁园春一阕：

> 肃肃多阴，萧萧以风，危乎高哉。见飞甍复榭，虹霓缪辕，梅梁藻井，龙鬼髶髶。灯烛晶荧，铎铃戛触，虎篆雷音百幅裁。锵剑佩，是南陵朱鸟，北极黄能。　　玲珑月殿云阶，况珠斗斓斒绝点埃。正井公夜戏，犀枰象博；麻姑昼降，绣帔瑶钗。叱日呼烟，囚蛟锁魅，五利文成未易才。银鸾背，笑蟾蜍窟里，金粟争开。

这首词描述了宝阁甍榭的梁拱像虹霓交错，大梁、承尘上有龙鬼飞舞的彩绘；道士在步罡踏斗时的情景，诵经声如雷音，道场犹如天上仙境；秋登弥罗宝阁，仿佛到了桂花盛开的广寒宫。

清费洪学《登弥罗宝阁》诗曰：

> 五湖晴色绕城隈，高阁凌空四望开。
> 雉堞正当檐外出，小云半入槛中来。
> 遥望万井人烟动，俯见千林乌雀回。
> 势与浮屠相并列，氤氲香霭护重台。

可知三层宝阁当时在城内是很高的。图9为清末弥罗宝阁的照片，高耸凌云，精美宏丽。该阁是明代正统三年(1438年)巡抚侍郎周忱、知府况钟捐俸所建。看过《十五贯》的都知道，周、况两位是难得的好官，西美巷至今还存况公祠。三层宝阁中，第三层供的"万天帝主"，上事玉皇，左右有三十六员天将；第二层供"万星帝主"，中事斗姆，左右有二十八星宿；底层供"万地帝主"，下事地祇，左右是六十花甲星宿像。由此可见其规模空前，制作非易。三清殿已是宏伟，后面副殿似有更胜的形状。阁外，前面和东西两面都有走廊，前面也有五开间的露台，正中还供有一丈五尺多高的冲天鉴，三面都有石级，转角的石脚上还精刻着画像，气势磅礴，神态逼肖，堪与山东武梁祠石刻同名。阁后还有一座七煞门，里面是地母宫，永远不开，也没有人可到。相传道士捉了妖怪就封闭在这里。旧时的宫观很多难免毁于火，除了战火，还会有香烛油灯火。弥罗宝阁也不例外。明代万历三十年就第一次毁于火，清康熙十二年由玄妙观方丈铁竹道人施道渊、巡抚慕天颜、道纪司陶宏化募建，费白金6万两，历时3年建成，复回旧观。宝阁先后经多次修整，胡雪岩也出资重修过。但到了1912年8月28日，发生了一场大火，傍晚时分，白烟蓬蓬而起，红光烛烛升天，弥罗宝阁遭祝融氏光顾。一时间火星飞爆，如万弩之齐发；风助烈焰，似千军之奔腾。市里消防车闻讯赶来，在西脚门接通水源，拼命撤动撤泵，撤泵上口有一条杠杆，两人相对各执一端，上下撤动引水喷出救火，但水泵出口离水源较远，出水无力，面对熊熊大火，无异杯水车薪，只好调转龙头，朝三清殿后墙喷水，

— 21 —

百年观前

以防延及。大家眼睁睁看这座宝阁被火烧得噼啪作响,飞甍隆栋,轰然倒塌于一旦。

图9　建于明代正统三年的弥罗宝阁

　　大火过后的弥罗宝阁,只留下了底层的石基,此时谁也没有力量再修复弥罗宝阁。因此废弃了好一段时日。后由苏州张一鹏倡议改建为中山堂,以纪念孙中山辛亥革命之功绩。当时对此倡议意见纷纭,主要分歧是有人认为中山堂造在三清殿背后,既破坏玄妙观古迹的风貌,又似乎对中山先生不敬,建议应建造在大公园内。后来经多次会议讨论,最终还是采纳了张一鹏的倡议在此建造起新颖的中山堂(图10)。以后一些重要的会议就在这里举行,并作为影剧院播放电影,举办一些文艺演出活动。

— 22 —

玄都古迹

图 10　玄妙观中山堂(1933年摄)

　　宏伟的玄妙观宫观殿宇建筑群,历经损坏和修复,后期则是遭到拆除和出租改建,已失去整体的宏伟气势。早在清末,玄妙观的几个殿宇就被有的行业作为公所、行业公会办公场所。那时商人晨聚茶肆,通交易,称为茶会。茶馆茶会既是交易场所,又是交际联谊、议定行情、同业聚议的特殊社交场所。玄妙观的三万昌茶馆就是米业、酱园、油坊举行茶会的地方。品芳茶社为石灰砖瓦、营造业聚会之处。米粮每日上下午两市,食油下午一市。清晨各业业主就聚集茶馆,分别围坐几张茶桌,都有固定座位,互不干扰,在吃早茶的同时,共同交流行情,洽谈生意,再吃早点。茶会交易以趸批为主,卖方随带样品,展示茶桌,如米商带“六陈”小纸包,布商带布角小样,注明商号及库存数,一俟价格谈妥,买方带走小样,以样验货。多以现款现货交易为主。要打听行情的也会主动到茶馆来,边喝茶,边问讯。所以解放后国营公司就曾在三万昌茶馆建油酱盐市场,这是有历史渊源的。东

— 23 —

岳殿是个大殿,其中长生阁边屋 14 间,由昆剧业余团体道和俱乐部租用。就在道和俱乐部里,培养出了昆剧"传"字辈名家。租用五岳楼的是木匠公所办的梓义小学,完全是公益事业。摊贩公会使用了斗姆阁办事,包括菜场也进了玄妙观。旧时菜农挑了新鲜蔬菜或摇了菜船停泊在醋坊桥,就在桥堍附近卖个早市。1930 年在北局建成第一菜场,有 8 大类 80 户摊贩办理手续入场营业。1932 年因建国货商场,第一菜场遂迁玄妙观水府殿内,这一带成为后来的玄妙观菜场。

图 11　建于明正统年间的机房殿,供奉轩辕黄帝

根据朱观华《苏州道教历史概况》简介的玄妙观各殿宇变迁情况,截至 1982 年,保存完好的有正山门、三清殿,其他都已拆除或改建,诸如:神州殿、太阳宫,租给了黄天源糕团店;三茅观、机房殿(图 11)、关帝殿,70 年代为花木公司盆景公司的门市部和办公处;祖师殿、斗姆阁(图 12)为二轻局产品服务部;天医殿、真官殿、天后殿、文昌殿(图 13),70 年代为处理品商店;火神殿后改为住户;东岳殿为影剧公司;痘司殿后改为民房;雷祖殿在 1937 年前部分出租给三万昌、品芳茶馆,后分

属勤奋杂品商店、小食品店、庆丰机制面店；观音殿曾移入六十尊星宿像而成为星宿殿，后为国际时装公司所用；三官殿、灶君殿为劳保用品商店；八仙殿、水府殿都成为小菜场；肝胃殿、蓑衣真人殿，1963年为服装二厂；方丈殿在60年代为小菜场营业所。这种状况基本上延续到1999年观前街整治改造前。

图12 建于清嘉庆元年的斗姆阁

图13 建于清嘉庆二十年的文昌殿

玄妙观十八景

由前述已知在正山门、正殿三清殿、副殿弥罗宝阁之外，还有24座配殿，有大有小，各有特色。但来到玄妙观的人都喜欢寻找那被称为"玄妙观十八景"的景致。这是在历史过程中形成的，大都是观中道士附会的传说，前后有各种不同的说法，有的是实，有的为虚。这十八景除"钉钉石栏杆"之外，还有以下景点：在三清殿东侧空地上有一大块没有字的碑，虽说经历岁月风雨会使碑刻漫漶不清，但碑上确实无一文字，故称"无字碑"。没有文字又为何竖此巨碑？其实石碑本来有字，在明洪武四年，清理道教，更玄妙观为正一丛林，置道纪司，革香火田充军饷，建文帝侍读学士方孝孺作记，曾刻在这块碑上，铁划银钩，不同凡响。后来明成祖朱棣从他侄子的手里篡夺了皇位，称永乐帝，于是要方孝孺给他写一道诏书，诏告天下。方孝孺坚守儒家正统观念，抗命不为其草诏，因此被株连十族，同遭惨杀，甚至连这块石碑也不能幸免，上面的字全被铲除，由此变成了一块无字碑。然而这碑上虽不着一字，却永远是封建士大夫气节高尚的纪念碑。"朝北玄帝铜殿"，原在文昌殿前庭，高三尺九，长六尺，宽四尺，系铜合金浇铸的小型模型殿，据说是元代遗物，内供北极玄天上帝，一般殿宇均朝南，唯独该殿朝北放置，故名。据1926年2月24日《苏州明报》报道，玄妙观道士毛某等两人，于是年2月15日夜10时许将该古铜殿拆成数节，运至孔果桥，准备上船运走，经群众发现，报告警察

— 26 —

所,当场被制止。据传曾有人出重价一万二千元购买。"文革"期间此殿为苏州博物馆收藏展览。1985年归还教会,现保存在三清殿神台东侧。"玄妙观重修三门碑",为元代牟巘撰文,赵孟𫖯正书,原在正山门,"文革"中失落。1990年,道教协会委托苏州碑刻博物馆重新刻制了一块,保存在正山门东侧。"妙一统元匾",原匾已毁,现重制由谢孝思书匾。"靠天吃饭图碑",原在东岳殿,现保存在石碑碑廊内。"五鹤街",在三官殿天井中,有三条石板,凿有五只仙鹤,现仍在原处。

还有一些景点现已不存,例如:"麒麟照墙",原在雷祖殿对面,照墙上画着一头雷尊坐骑墨麒麟,民国初,被救火会放置太平缸时刷掉了;"六角亭",原在三清殿露台西边,已毁;"四角亭",清咸丰年间毁;"一人弄",在弥罗宝阁东南转角和黄围墙的西北角并列,相距尺余,仅容一人通过,故名,1920年因有碍交通被拆除;"七星坛",在水府殿内,1921年殿已拆除改为菜场,七星坛已不复见;"七星池",在东岳殿内,七口井同在一池内,现已废;"杨芝画壁",原在弥罗宝阁第二层楼梯转角墙壁上,绘有洛神、刘海、蟾像,高丈余,弥罗宝阁失火时被焚毁;"鱼篮观音像碑",在观音殿内,已毁。

此外还有一些是传说中之物。"一步三条桥",在三清殿露台东侧石阶下面,平排着三条和桥面一样的青石,一步就可以跨过去。传说原石阶下有水穴,雨后有鱼从穴中跃出,民国时石下水穴已填没,现存条石三块。"海井",在三清殿内九宵天尊座下有一口井,传说井很深,投石井中,许久才

— 27 —

百年观前

听到水声,有"海眼涛声"之称,已废。"石水盂",在弥罗宝阁前有一个长八尺、宽四尺呈半圆形的盂状水池,传说有一道人买了一条咸鲤鱼放入盂水中,一会儿鱼便活了。"运木古井",在蓑衣真人殿天井里,井亭上有施起鹏题的"元都第一景"匾额。相传建造弥罗宝阁时缺乏木材,道人施法,即有木材从井中源源而出。服装二厂建厂房时将井填平,井栏圈幸被保存下来。

玄妙观的道教活动

作为我国特有的宗教——道教,经几代皇帝尊崇,各地遍建道观,道士炼丹和斋醮等,融入了中国的传统文化,因而显得丰富多彩,结合各地特色,又衍化为既相同又不尽相同的地方风俗。

作为备受关注的道观——玄妙观,它的各种宗教活动,体现了苏州特有的宗教文化。

苏州道士以擅长道教音乐著称。道教音乐是道士在斋醮法事中演唱的道曲和伴奏音乐。苏州道教音乐经过历代道士的创造、提炼,并吸收了江南民间音乐、昆曲、江南丝竹、民歌、小调的精华,使道教音乐和江南民间音乐融为一体,因此分外悦耳,独树一帜。在演奏时,注重转承接合,通常以道曲的唱念展开,在唱腔中句与句之间,用曲调型的伴奏或鼓段加以连结,使唱腔层次分明,曲调纯清、缓慢、低沉,形成柔中有刚、刚中有柔的风格,基本上保持了古代宫廷音韵。早在清嘉庆四年(1799年),就有道士曹希圣与吾

— 28 —

定庵收集整理的道教乐谱刊印于世,通称曹谱,单从《钧天妙乐》、《古韵成规》、《霓裳雅韵》等名称就可以欣赏到那妙乐雅韵了。

具体说来,苏州道教音乐擅以丝竹伴奏,其调式及旋律近似委婉悠长的昆曲,但套数多,程式繁复。不论是在早朝、午朝、晚朝、表朝、开坛、解坛、散坛等法事活动中,还是在超度、祈祷的斋醮科仪中,历来都有独唱、吟唱、齐唱,鼓乐、吹打乐和器乐合奏等多种音乐形式,灵活地组合使用。吹打主要由笛曲、鼓段组成,经忏唱念、赞偈有一定节奏,多数有板眼,与音乐相配合。使用的乐器有笛、三弦、鼓、钹、笙、箫等,至30年代增加二胡、板胡数种。在整个法事进行过程中,主醮法师若无音乐伴奏,那真是像鬼画符了,这需要气氛烘托。伴奏者能根据主醮法师在供香、步罡、绕坛、朝拜等许多仪式中不同的动作,采取坐乐和行音的形式演奏,并能根据动作变化的特点,灵活地在音乐伴奏中加以装饰音、加花、变奏等来协调主醮法师的动作,恰如其分地表现出镇邪驱魔、剑拔弩张的威风,求福祈愿、清静无为的意境。时而鼓声震天,恍如召神驱魔;时而不闻钟磬,只余一缕笛声,如入缥缈仙境。法事中贯穿了音乐的优美韵律,衬托出法事的庄严隆重。与其说是在做法事,不如说是进行艺术表演。法师还有"飞钹"之技,令观赏者在道乐声中更添情趣,叹为观止。所以每逢玄妙观做法事,自有其热闹场面。

根据有关资料介绍,1915年曹冠鼎、戴啸覆等曾办起4个音乐组织,招收道徒和奔赴应子弟学习,藉以谋生。这是以道教音乐为专业了。30年代后又有道教国乐研究会等组

百年观前

织,正式专题研究道教音乐。解放后则由苏州市文化部门组织道教音乐研究组整理道教音乐,把100首左右的曲调由工尺谱翻成简谱,又将唱念赞偈的调子记下30余首印存。1957年,华丽生、金中英等还应中国音乐家协会邀请到京津演出。1990年,苏州道教协会组成道教音乐团,培养青年道徒学艺,使这一风格独异的民族文化得以流传下去。1995年,苏州道教音乐团还应邀赴比利时演出,将中国独有的传统民间艺术传扬到了世界(图14)。

图14 玄妙观道教音乐独树一帜,名播海内外

中国文联舞蹈艺术研究会余尚清教授在《苏州道教艺术集》中总结评论说:"法事之前有序曲,法事终了有尾声,法事进行中有歌,有舞,有独唱、齐唱、独奏、齐奏等,整个法事音乐结构的完整性,强弱浓淡的对比,以及表现力的多样丰富,音乐语汇风格的民族性、典型性及统一性,都达到了

— 30 —

高度的艺术成就。"

平时玄妙观香火旺盛，卖香烛收入颇丰，如果给神像插花、披红，亦有收入，而随愿乐助的更是络绎不绝。东岳殿为玄妙观内一大配殿，其规模仅次于三清殿，所供神像为东岳大帝及所有地司，为一切生灵超度场所，一年四季也是香火不绝。农历三月二十八日是东岳大帝诞辰，前一夜称为"暖寿"，到正日，大批信徒都抬着供品拥到东岳殿燃烛焚香祈祷。原在弥罗宝阁内的六十个花甲星宿塑像，后来重塑于三清殿，1956年移入观音殿，观音殿改称星宿殿。每尊塑像上方都有标牌，写明"生年"和"值年神"的名称，造型生动，神态各异。每到过年，百姓都要到星宿殿按自己的生年对照星宿神像磕头烧香，以祈福佑，这是有名的烧"星宿香"。

除夕夜许多人吃好年夜饭，便阖家赶去市中心玄妙观烧星宿香。但往往是赶到那里，早已是人群熙攘，烛火通明，香烟缭绕，大呼"来迟了"。在大人的指点下，小孩挤入人群中，好不容易才找到同自己年龄相同的"本命神"，相看之下真有呼之欲应的感觉，在热烈而喜悦的环境中似乎是神灵与心灵相呼应，便点烛跪拜，祈祷神佑康健，自我感觉十分良好。待到退出拜垫，父母影踪全无，原来他们也在寻找自己的本命神去烧香烛了。好在预先有约定：如果一时找不着，便在门口碰头，于是紧靠门边稍候。这时，无论城内市民还是乡村农民，都是身穿新衣，着装整齐，从四面八方不约而同地涌来烧香，整个玄妙观内人山人海，露台上万年宝鼎烟雾腾腾，大殿里钟磬阵阵。中国人特别看重生肖，对属相也情有独钟，这是由来已久了。这样的夜晚比白天还喧闹，

— 31 —

这样的夜色比平时还好看。此情此景,令人难以忘怀。

在玄妙观的祀神活动中,主要有逢正月初五玉皇大帝诞辰,二月十五日老君诞辰,此时都要举行一次盛大的祀典仪式。届时,法师道众要斋戒沐浴,诵经拜忏,法师身披法衣,持朝笏,口诵赞偈,两旁和以音乐伴奏。凡道教信徒都要前来焚香礼拜。除此两大诞辰之外,还有二月十九日观音诞辰,三月二十八日东岳大帝诞辰,五月初五财神诞辰,六月二十四日雷祖诞辰,七月十五日三官大帝诞辰等,逢到以上诞辰,道观主持发出大红请帖,备素斋,邀请善男信女参加祈祷。这是逢辰过节的按例行事。

从道教日常业务来说,当年主要的还有做功课、斋醮以及外出做道场。做功课,是玄门日课,修自身之道,撞钟击磬,念诵早坛功课经。斋醮,是道教向神祈晴、求雨、禳灾、降福、保安以及超度亡人等所进行的一种宗教仪式。这里的斋是斋戒沐浴,醮是祭告鬼神。早在南宋孝宗淳熙十年(1183年)秋,苏州大旱,太守耿秉即于衙厅设祈雨道场,亲自以"杯玹"占卜吉凶。评弹《描金凤》中有个钱笃笤求雨的生动故事,讲的是苏州久旱不雨,平时以笃笤(以竹木雕刻成贝壳状的"玹"占卜,苏州人俗称"笃笤")为业的钱子敬因误揭皇榜,被逼至玄妙观求雨坛求雨,恰好云至,于是被封为护国军师,当然这是对求雨的讽刺。钱笃笤求雨是个巧合,评弹艺人描述得生动有趣,令人捧腹。

百年来的玄妙观,确实举行过一次盛大的求雨醮事活动。据朱观华介绍,1934年苏州一带大旱,连续干旱两个月。7月1日,道教公会应民众邀请举办醮事活动,在玄妙观三清殿前竖起标杆,悬挂旗幡,置设仙鹤;在雷祖殿设立大醮台,鸣钟击鼓,宣扬法典。6日,温度升至华氏百度左右,道士啮指注血,烈日下跪写血表奏请上苍。7日,在玄妙观摆八卦阵。据当时老道士说:"活了七八十岁,从未干过这样大场面。"9日下午,道众一百余人列队经观前街、景德路至宝莲寺,演道上奏。以后每天在坛者49人,祈祷降雨。苏城其他各道观所在地也有人挨日抬着神像及各种供物,到玄妙观三清殿拜三清祖师,上香求雨。队伍起初为几十人,后来逐渐扩大,竟增至数百人,多达上千人。其中有的捐旗打伞,舞龙灯,踩高跷,奏十番锣鼓,扮演衙役皂隶,有的甚至披襟露肩,臂上扎入钩子,钩子上挂着香炉、花篮,有的挂着石锁、大锣、自行车,光怪陆离,无奇不有,形成俗称之"出会"。老天爷偏不降雨,出会的队伍也越来越盛,相互争奇斗胜,耗工糜财,难以数计。直到21日才天降大雨,打醮活动方告结束。这种斋醮活动,曾在1956年由中国舞蹈艺术研究室吴晓邦主持拍成道教斋醮法事纪录片。

此外,斋醮也举行过有积极意义的公益活动。如1946年8月,道教公会组织部分道众以"祈祷世界和平,追悼阵亡将士"为名,在玄妙观三清殿诵经拜忏,建醮追悼。江西龙虎山第六十三代天师张恩溥也专程赶到苏州,亲自建醮3天。据当时报载,在清光绪二十八年(1902年),龙虎山第六十二代天师张之旭也曾来玄妙观建醮。苏州玄妙观声名遐迩,于此可见一斑。

当年为施主打醮的,如文昌殿、箓衣真人殿、雷祖殿等几房;外出到信徒家做道场的,如三茅殿、机房殿、天后殿等

— 33 —

几房。玄妙观共称十三道房。按玄妙观道士有 3 种职称：最高者称为方丈，次之为住持，再次为一般的道徒，此外有打扫、运送、出担、伙食等勤杂人员称香火，还不在道士范围之内。

自党的十一届三中全会以来，落实了党的宗教政策，道教协会为了满足信教群众的要求，于 1984 年开始承接斋醮活动，做公醮、独醮，也有拜忏、追年的。1986 年 7 月，道教协会为纪念世界和平年，组织全体道众在玄妙观火神殿设坛建醮，祈祷世界和平，历时 3 天。

玄都古迹，在经历了千百年的发展后，已有了自己的历史文化，有了属于玄妙观自身特点的宗教艺术，曾吸引了无数游观者至此流连忘返，也将吸引更多的中外游客到此驻足观赏。玄妙观屡毁屡建，再次得到光彩重焕。这块苏州人引以为豪的"风水宝地"真正成为苏州的人间天堂。交待了玄妙观的历史，再细述观前这一条街，大家就更容易理解了。

观前街的兴起

　　人称："到苏州不到观前,等于没去苏州。"苏州人也以"荡观前"作为消闲游乐的口头禅,可见观前实在是个好去处。长期以来,人们都将观前街习惯地简称"观前",就像称呼小名。人们对观前的亲昵已溢于言表。

　　由于玄妙观的悠久历史,作为观前的一条街,也就有了自己的历史变化。玄妙观与观前街,形影不离,相得益彰,"荡观前,白相玄妙观"几乎成了苏州人的一种时尚。但两者也有各自的特色,观前街的名气现在已超过玄妙观了。

　　任何事物的兴衰盛亡,都有其主客观因素。观前街本在市中心,地理位置相当好,这是其与生俱来的良好基础。一千七百多年前在此建起了真庆道观,由观的兴盛而带来了人群,这才逐渐兴盛起来。不过当初也只是来烧香拜佛的人群。由于玄妙观内的各项活动,带来了商机,由观内而观外,逐渐形成了市面。清末苏州遭受战乱,尤其是阊门一带繁华

— 35 —

商市毁于兵燹,彼伏此起,人们都到市中心谋求发展,这才促成了观前的兴起。观前街道的改造,平门开通架桥连接火车站,更使观前迅速地繁荣起来。

观前的变迁

　　原来的观前街,如同苏州其他街坊一样,也是水陆并行、河街相邻,河与街成双棋盘式格局。在宋代《平江图》上,紧挨观前街南侧有一条与街平行的河。河上从东向西依次有 4 座桥:顾周桥、宫桥、北仓桥、周太保桥。观前东端是河,在顾周桥北堍有与之成 90 度角的东西向桥跨河连接观前,这就是醋坊桥,是东端进入观前必经之桥。观前街西端连接卧龙街(今人民路),西端跨河朝南即为周太保桥。周太保桥堍又有与之成 90 度角的东西向桥可向西行。观前两端这种桥堍接桥堍、转弯通行的情景,现在只能去周庄双桥才能观赏到了。在观前北面,如果要到观前街,必须经过 4 座桥,从东向西依次为县前桥、广化寺桥、四通桥、禅兴寺桥。这县前桥为宋长洲县的县前桥,低不过舟,民间有谚云:"长洲县前,难过。"因此后来改建,并改名可过桥。苏州"红栏三百九十桥",这种水乡河桥在当年比比皆是,成为苏州一大特色景致。

　　在观前街除去东、西两端的桥,中间南向渡河的还有宫桥、北仓桥。其中宫桥正对玄妙观,据有关资料载,玄妙观旧为紫极宫,故名宫桥;也作天庆观桥,称观桥。这是完全由于玄妙观的存在而命名的桥,也是南首到玄妙观必经之桥。桥南街巷就叫宫巷,宫巷原有玄妙观的传奏司庙,玄妙观旧时的范围向南可达第一天门。第一天门原是元坛庙巷,因巷口有山门牌坊,随着元坛庙的废圮,后人逐渐将巷改称为"第一天门"。旧时经第一天门、传奏司庙,过宫桥,才到现在的玄妙观正山门。由此可见,观前在百年前也是小桥流水人家,且小巷深深,狭窄得很。时人记当年宫巷情况:"康熙年间居民鲜少,立桥(宫桥)上可望见张王府基(张士诚王府废基)一片荒烟野草。"这是指站在宫桥上向南可以一无遮拦地看到王废基一带的荒凉景色,为我们描述了百年前观前周围的境况。

清道光二十一年(1841年)冬,由地方士绅潘筠浩等募资捐砌观前街为长石条街。中间石条长约1.5米,横向排列,两头各有2条竖向石条,宽约0.4米,整个街面也不过3米有余,对面对店铺中人可以招呼交谈。说书先生曾描述:旧时观前街两边的伙计购物,可将纸包食品掷至对面店中;遇到下雨天,只须用根竹竿挑只篮子传递过去,就可实现银货两讫。有的评话家甚至形容旧时观前街狭窄的程度:"两边的伙计可以隔着街心握手。"这当然是穿插的噱头,运用艺术夸张,但也可以说明当时的观前街确实是很狭的。

道光年间的观前,两旁店铺多数是栅板门面,偶有恒孚金号是石库门,体现其不同一般的雄厚实力。栅板门于早晨开张时卸下来,竖放在店旁墙边,也有部分栅板就横起靠墙叠放在店前路边,高若坐椅,进货脚夫、农民正好据此小坐憩息。两面店铺都是砖木结构的平房或两层楼房,屋檐伸出

百年观前

尺余，下面还有木板"戗水阀"，宽约 1 米，下挂木制的店幌，有的一块，有的数块，也有用布缝制或绣制的布幌市招，密簇簇悬在行人头上，进入观前，各式各店一目了然。图15是一幅摄于 20 年代的观前街老照片，清晰可见那时观前街还是石板路，弥足珍贵。这幅照片是在玄妙观宫巷口向西拍摄的，因此最先入目的是"瑞裕松萝"木雕市招，这便是位于观前宫巷西坐南朝北的徽州名店汪瑞裕西号茶庄，在本次

图15　宫巷口西边的观前街

观前改造前原为春蕾茶庄。其西为苏九华扇庄，其址后来为观振兴面馆，观振兴原在玄妙观照墙内，名为观正兴，1931年，拓宽观前后搬入新建西脚门楼房底层，后来迁址对面改名观振兴；德昌丝线铺，其址后来为馀昌钟表店，馀昌钟表行犹如上海亨利一样享有盛誉。对街坐北朝南是江南丝竹班鼓名店张凤兴，其东为发兑经史子集和当代文学书籍的文怡书局，浒关老义昌席庄，都是当时各具特色的名店。大

— 38 —

小商肆,首尾相接,颇为繁盛,真是一幅 20 年代观前商市的留影。

在老一辈苏州人的脑海里,观前街的石板路上,过往行人长衫大褂,走起路来总是笃悠悠的,熟人碰面,老远就打招呼,打躬作揖,亲热寒暄,温良恭俭让。如行人突然遇到下雨,则避在街旁店檐下行走,可保无雨淋之患,因此有"苏城街,雨后看绣鞋"之喻,形容绣花鞋在雨天不走湿,当然这是指濛松细雨。如果出门就是下雨天,则脚上穿着涂了桐油的钉鞋,那铁钉敲打在石板路上,引发出清脆的响声,和着雨声在小巷中飘散,犹如一曲韵律优美的江南水乡古乐。

虽然那时阊门外已有马车可达虎丘和西郊风景区旅游,但马车不得进城,城里的小街小巷和此伏彼起的小桥也容不得马车行驶。城里交通还是步行加坐轿,在交叉纵横的水港河道内,则以船运载。船在水港中穿行,主要是运输货物和贩卖农副产品,画舫客运是游虎丘。舆轿是当时的主要交通工具,有呢轿、花轿、藤轿数种。观前街拓宽后,抬轿子的图省力,就走观前街,而一般出门有事的,也大多要经过观前或是到观前办事。观前还有个玄妙观供游赏,所以到观前的轿子也就特别多。随着观前商市的逐渐兴起,街并不算怎么宽而行人相对的比较多,有时街上有二肩轿子交错而过,行人就得侧身向路旁紧靠,轿班则互相招呼避让,两轿才能擦肩而过。坐轿子一里一站,租费以里计算,每里呢轿约小洋三角,藤轿 60 文。各城门至玄妙观作 4 站,玄妙观恰为中心。观东醋坊桥桥面上的猛将堂,就成为世袭出租轿子者的轿畔头。

百年观前

　　那时坐轿的一般都是妇孺与老人，或是有身份的人家，根据经济条件乘坐呢轿或藤轿。玄妙观内场地比一般街巷要宽畅得多，因此轿子调头比较方便。年轻人则步行或以赛驴代步。驴马都由私人豢养，有集中的租赁站口，观前附近就有玄妙观东脚门、兰花街、察院场关帝庙前这3个站口。如有人召雇，驴夫就随在驴子后面奔走，手执驴鞭，口中打着呼哨，一路护送到终点。有的阔绰人家自己后园中养着马，其弟子常骑高头大马到观前街白相，摆身份显威风。马蹄"的笃"、"的笃"有节奏地响着，惹得人们回头顾望，骑者以此为荣。这是旧时苏州人好虚荣的一种表现。

　　随着五口通商，苏州城南有了青旸地日本租界。后来在上海、苏州等地就传入了"东洋车"，也称包车，并有了根据东洋车式样简装成的黄包车，上海将这种车的背后涂上黄色油漆，所以称黄包车，解放后则称之为人力车，是靠人力拉动运行的车。起初车轮子是木制的，外包铁皮，后来才改成外包橡胶，最后才演进成现在这种钢丝车轮外裹橡胶轮胎。因为城内路窄桥高，不便通行，所以在清光绪二十三年（1897年）至二十六年（1900年）上海传来人力车后，只限在城外行驶。辛亥革命后，城内小桥随着交通发展的需要，也逐渐改建，有的还填河拆桥，改善交通。因此1923年后，城内亦开始有黄包车通行，起初还指定出城车辆必须由东、西中市通行，就像现在汽车单行专线。有了新式的黄包车营业，坐轿子和骑驴的随着时代前进而锐减，以至消亡。有条件的乘坐包车也是一种身份的体现，其风度气派不亚于现代的摩托车。这种包车外观洋气，乘坐者一般西装革履，春

— 40 —

风得意,手挽时女,轻松潇洒。车座踏脚板上装有打铃一枚,坐车者在行车时可随意用脚踩动,"叮当"之声响彻街坊,车把上还装有皮球小喇叭,车夫捏按喇叭皮球,"吧啵、吧啵!"两者呼应,便成"吧啵、叮当!"招摇过市,行人一听便知来者有钱有势,马上避让。晚上车前两边挂有两盏八角抛光车灯,中燃白礼氏洋烛,烛光随车晃悠,夜行中状如鬼火。后来改进为电石灯,则夜行时车灯亮得耀眼,行人为之侧目。据说有位医生,医术并不高明,但头脑聪明,有意在乘坐包车时身边放个药箱,穿街走巷忙个不停,观前街当然是他经常要路过的,众目睽睽下好像到处有人在请他就诊。广告一做,真的有人来找他看病了,年岁一长,也就真的成了中医名家。

普通黄包车设备简陋,车夫边跑还要边吆喝,嘱人让路。行至观前甚不方便,观东醋坊桥桥面上有猛将堂桥畔头,行人在下穿行,黄包车无法通过;观西由察院场进入至北仓桥口就有警察来喝住,不准再向东进。后来随着观前商市的繁荣,观前再次拓宽,北局也得到开发,舆轿、驴马逐步淘汰,黄包车成了主要交通工具,观前街的黄包车也多了起来。旧时交通不变,"在家千日好,出外一时难"。交通工具的演变,例如这里介绍的轿子和黄包车的使用,在观前街都有充分的展现。

在当时的社会风情中,老苏州人还会记忆起在闹市中有水夫肩挑水桶,不时用毛巾揩汗,在运送清水。那卷起裤脚管露出的小腿上,有几处青筋形成的青团子凸现出来,辛劳的水夫给人以深刻的印象。在观前街上行走时,人们可以

百年观前

从他们身穿的背心上知道这是为吴苑茶馆送水的,因他们的被日晒已变淡了的蓝布背心上印着"吴苑深处"。原来当时苏城尚无自来水供应,人们饮用的都是井水、河水。虽然苏州为水乡泽国,大小古井名泉遍布全市,但也有遭污染的可能。观前街为商业繁荣的大街,人多用水量大,而胥江水源于太湖,素称质清,于是有些船家从胥门外载胥江水驳运进入城内,船停歇在醋坊桥堍,由水夫用木桶挑至没有井的商家和茶馆饮用。太监弄吴苑茶馆和其他一些茶馆就是专门雇水夫到醋坊桥堍泊船处挑运胥江水。吴苑茶馆高人一筹的是在水夫马夹上印字做活广告,宣传吴苑用的是胥江水,就似现在饮用纯净水一样。直到1936年左右,为消防需要在北局兰花街东口及今人民商场新楼处开凿两口深井,同时在观前街铺设管道供水,这种肩挑胥江水的背影才告消失。

在辛亥革命前后,苏州建立了有群众参与市政管理的团体"市民公社",这在全国独树一帜。清宣统元年(1909年)五月,苏州第一个市民公社"观前大街市民公社"成立,以后陆续有渡僧桥四隅市民公社、道养(道前街、养育巷)市民公社等先后成立,并成立市民公社联合会,到1926年苏州已有27个市民公社,遍布全市,直到北伐战争时才撤销。其中观前大街市民公社成立最早,也显见观前在全市的地位和作用。市民公社注重社会公益、慈善救济、修道路平桥梁通沟渠等市政建设和维护治安等,对观前的商业发展也颇多善举。至今在正山门后侧的一口双井,就是观前市民公社所开掘。

— 42 —

观前街的兴起

原来的城市夜晚一片漆黑，晚上有事举个灯笼行走。这在历史剧中能见到。观前市民公社善举之一，就是在主要巷口设立木柱子，上置一盏大头小底四面玻璃的梯形洋油灯，一到黄昏时分，就由公社派员用火棒去点灯，天亮后再来一一吹灭。这就是苏州第一代的路灯。那时观前店铺晚上照明，大店用白壳保险灯，小店用火油灯，这样晚上略有光照。各桥的桥畔头有玻璃挂灯，大都用白天人们来猛将堂烧香烛时用剩的蜡烛，一灯独燃，长夜照明。在那靠烛光、灯草豆油灯、煤油灯作为光源的年代，人们一般到了晚上便匆匆归巢，闭门不出，一方面为了安全计，一方面夜晚也没有市面，所以夜行客很少，只有富豪子弟挟妓夜宴，或商贾作业务上的筹划准备，才有夜行之举。城外阊门、城内观前，总是比一般街坊要光亮些，晚上也热闹些。一般店铺到八九点钟也就先后打烊，大街便一片昏暗，除了个别烟杂店，只有巷口的路灯、桥头的挂灯，在夜幕中发出微弱的灯光。观前街也进入黑暗的宁静之中。

清宣统三年（1911年），振兴电灯公司在全城架设8条输电线路，安装96瓦白炽灯49盏，32瓦白炽灯1945盏，这是第一代电光源的路灯。观前街夜市从此开始兴起。1913年，全城煤油灯全部改为电灯照明。1919年春，为抵制苏州振兴电灯公司改属日资经营，苏州各市民公社决定，在主要街道组织自办柴油小发电机供应市民用电，最先响应的是观前和东、西中市市民公社，由宋友装等8人集资6000元，先购买2台小发电机，分别安装在太监弄、东中市，"为我苏人争气也"。后来市民公社与市公益事务所、市民协会一起

— 43 —

百年观前

筹建苏州电气厂,1920 年 5 月在玄妙观召开创立会,正式
开始架设通夜线,专供路灯用电。

1920 年,路灯规定灯头用 100 瓦,最亮处用 200 瓦,观
前街就有 30 盏。小街小巷的路灯依然寥若晨星。观前街也
就在强烈灯光对比中更加显现出来。灯红酒绿,观前的夜市
有了现代电光源的基础,才从落后的昏暗中站出来,亮出了
繁华的现代色彩。这时的北局也开始陆续兴建饮食文化娱
乐场所,与观前的商市结合在一起,相得益彰。观前街不仅
白天热闹,晚上也开始喧哗如昼,在那个社会里得到了相应
的发展。

当商市的繁荣发展使观前街人流拥挤、摩肩接踵时,拓
宽观前成为当务之急。1927 年就开始议论如何拓宽观前
街。因为观前已经商店林立,所以拓宽街道势必影响到各方
利益。各商号闻讯后惶惶不安,有的急于寻觅新址迁移,有
的自拟店铺改造方案,有的则提出反对意见。拓宽观前工程
中有一项就是要拆除玄妙观正山门照墙,反对拓宽最甚的
是玄妙观正山门八字照墙两侧和附近的商铺,因为他们本
在观前宫桥市口,一旦拓宽观前,拆除照墙,将直接影响他
们的生计,发生利害冲突。因而他们提出拆除正山门照墙有
损文物,该意见尤其得到古物保管会中坚人物王佩铮的赞
同,并获救火联合会范君博等支持,在报上发表反对拆除照
墙的文章,声明此乃商人图利之举,古迹不许破坏。这时,德
源祥店主许恂如提出组织地产公司,口头约定,拆除照墙新
建店屋仍由原店商租用,并征得方丈殿主持颜觉沦法师同
意,订约出租照墙地带。此举得商界头面人物同意。一时间

— 44 —

形成保古派、保商派之争。双方都出面正式向吴县县政府提出各方的要求。

面对市民争议，且双方都是地方头面人物，吴县县长只得不作批示，谁也不得罪，拖着不办。于是双方诉讼逐步升级到镇江省府上诉，累年互控不休。江苏省建设厅派钱天鹏来苏实地调查。钱见苏州环境优美，商市繁荣，竟然设法从省厅调来苏州担任建设局局长，并支持拓宽拆照墙。保古派仍不甘心，遂向南京行政院上诉，经双方多次申诉，提倡国货委员会提出"保古又保商"的折衷办法，终于平息了争讼。

这个办法就是拓宽观前街，拆除正山门照墙，但正山门两侧需改建为古典式大楼，其高度不能超过正山门屋脊，在造型上保持古迹统一风格，同时两旁店铺不准出售洋货，以资提倡国货。为此，提倡国货委员会经办调解此事的张寿鹏主委出资将大告示贴在木牌上，抹以桐油，每晨挂出，日落收回，晓谕大众。这也是观前街新式广告牌起端之一。如此数月，广为宣传。

在具体操办上，先拓宽自察院场至黄鹂坊桥一段景德路，在观前施工时，部分商号可以暂时迁至景德路临时营业。这样，观前拓宽工程，又带动了景德路商市的兴起。与此同时，观西也建起了一幢幢新房子。观西北侧，原是明代都察院的银库，因此有巷名银房弄，明末战乱中与都察院一起成为废墟。后来在瓦砾堆中日渐形成一片桑园，又有人租地设数十只大鱼缸，养殖出售金鱼，成为金鱼园。在拓宽观前时，东山严家淦的岳父叶铁荪善于经营，购下这块桑园金鱼地，由其子(时任上海日本正金银行买办)叶振民出面，参

百年观前

图16　1930年观前拓宽时的老丹凤菜馆

照上海里弄洋房建造了一批海式弄堂房子,取名"承德里"。杂乱的观西由此开始繁荣起来。观前的部分商号采用缩进店面,调整前店后坊的布局,有的则纷纷改建为楼房。因此,我们以往见到的观前街店铺,都是30年代初的建筑物。观前的拓宽,原计划为官督商办,即由建设局督办,经费由商界筹募。钱天鹏不同意,提议商界出钱,官厅主办,另组委员会督理此事。最后由建设局设计施工,吴县县政府筹支经费,商界不再介入。观前拓建工程经一年半时间操办,于1931年11月全部竣工。拓宽了的观前这时才正式称为"观前街"。

有一幅清末双色石印《苏城全图》,绘制于清光绪九年(1883年)至二十七年(1901年)之间,地图所标示的街道名称中,玄妙观前为"观前大街"。当时有大街之称的,同一地图上还有阊门路大街、中市大街、葑门路大街等,而护龙街

— 46 —

宋代亦称大街。大街是当时主要街道的一种称呼。清末苏州兴起市民公社时,亦名曰:"观前大街市民公社",由此可见,真正得名为"观前街",是要在1931年拓宽观前时,这时要正式给街道定个名称了,因此命名为观前街。

虽然观前街没有用沥青铺设,但用的是苏州特产的金山石(15厘米见方的小方石)整整齐齐、密密层层砌就。苏州匠人的精细工艺不仅反映在房屋建筑艺术上,就是那任人千踩百踏日晒雨淋的路面,也铺设得如同美女的皓齿,一丝不苟。几十年下来,小方石路面已被行人走得溜光滑亮,惹人喜爱。这样的正方形小方石路面,是当年苏州最有气派的一条街道,也是沪宁线上最有特色的一条街道。

观前路面拓宽后,交通更加方便了。1938年,华中都市公共汽车公司在苏州投入4辆汽车,作为城市公共汽车开始在市区营业,行驶线路从火车站经金门至观前正山门;石路经老闾门至观前正山门;石路经胥门至二马路(今人民南路);火车站经临顿路至观前正山门。4条公交线路上,3条终点站都在观前正山门。

抗日时期苏州沦陷,苏州人民遭受日本鬼子蹂躏,日本鬼子在观前街耀武扬威(图17、图18),这段历史苏州人民决不会忘记。

解放以后,政府对观前也进行过多次改建扩建工程,但都是局部的。一些老店面凡要翻建的,一律门面缩进3米,逐年下来,观前街的宽度增到9米~13米不等以至更宽。为减少车辆在路面的颠簸,苏州市的街巷陆续铺设了沥青路面,观前街也于1965年改成沥青路面。观前街除了自身

百年观前

图 17　沦陷时的观东

图 18　沦陷时的观西

观前街的兴起

图 19　醋坊桥 50 年代改建为平桥

的建设外,进入观前闹市的其他通道也在历年改造中有所拓建。几条大的通道是:观东拓宽了临顿路,醋坊桥改建成钢筋水泥平桥(图 19),车辆行人畅通无阻(醋坊桥,宋治平二年道士方希辨、孔应期募建,本是商户承卖醋的地方,官府曾以卖醋日息助学。原是石拱桥,桥面有桥畔头猛将堂,因妨碍交通,改建为平桥)。有公交 2 路、4 路、27 路设"醋坊桥站"。观西察院场被建成市中心的交通枢纽,公交 1 路、101 路、102 路、3 路、5 路、16 路、20 路等东西南北公交线路在此都设有"观前站"。南面的河早已填平,桥也拆除,拓宽了宫巷、太监弄、兰花街、邵磨针巷。北面主要干道有大成坊(今皮市街)。此外北侧有山门巷、洙泗巷、施相公弄、银房弄、平安坊、承德里、牛角浜等里弄小巷可通行。观前人流量的聚散也很方便,这都为观前商市的繁荣兴旺提供了基本

— 49 —

百年观前

条件。

在近百年来的不同时期,观前始终是苏城第一街。从石板街走来的观前,1937年时曾名中山路,"文革"期间一度改称东方红大街,体现了时代特色。1980年恢复旧称观前街,也体现了政通人和、改革开放的时代气息。对于熟知苏州的海内外人士,观前街已具有一定的象征意义。这是故乡情、家乡梦,是积聚了数千年吴文化底蕴的老苏州典型。

由于观前商市十分热闹,人流拥挤,人们只顾朝两侧的商店里观望,往往会被突如其来的车辆所惊吓,而车辆在观前的行驶也因熙熙攘攘的人群而缓若步行。因此,自1982年6月开始,观前被正式定为步行街,禁止一切车辆通行(图20)。这是国内较早定为步行街的街道之一。人们尽可以放心地在观前荡来荡去,悠闲购物。这样,观前由于百货陈列,环境优雅,又成了购物天堂。

图20 观前街于1982年始定为步行街

— 50 —

观前的繁荣

观前的繁荣，只是近百年的事。其发展同苏州市的整体兴衰有关。

前面说到公元前514年，吴王阖闾委托伍子胥建造阖闾大城。伍子胥所造阖闾大城后成为吴都。吴王据此以孙武、伍子胥为将相，西破强楚，北威齐国，东征夷人，南服越国，称雄于东南，争霸于中原，从此苏州成为东南一大都会。在汉代，苏州就据三江五湖之利，富甲一方。隋大业六年（610年）京杭大运河江南段拓浚，更促进了苏州商业繁荣和市场发展。唐代的白居易在苏州任刺史时有诗句称"阊门四望郁苍苍，始觉州雄土俗强。"苏州环境良好，已升为仅次于帝都的"雄州"。宋元以来即有"上有天堂，下有苏杭"的谚语。宋代朱文长《吴郡图经续记》称苏州"舟航往来，北自京国，南达海徼，衣冠之所萃聚，食货之所丛集"。这里虽经战乱，但历劫不衰。这是苏州作为东南政治、经济、文化中心的地理位置决定的。吴为水国，四周川渠成网，构成古代主要的交通线。京杭大运河流经苏州，而苏州城外有环城的护城河与运河相通，城内有"三横四直"的河流如街道一般纵横贯穿，水道处处相通，后来逐渐形成"处处楼前飘管吹，家家门外泊舟航"的江南水乡都邑特色。在现代交通工具出现前的历史阶段，交通主要依仗水路，十分便利。苏州成为南来北往交通枢纽，因而形成商贸中心。

最初的商市，是在平江府附近的市中心乐桥。乐桥下有

百年观前

河流通贯城内外,乐桥东西两侧有东市坊、西市坊,两坊周围汇聚成商贸市井,有丝行、鱼行、果子行、谷市、米行、荐行、茶馆、酒楼等,尤其是乐桥向西一带商店设市,肩贩赶集,成为热闹一时的市集。城东北处处可以听到织机声,织工云集,织造局也设在城东。城西则商业鳞集,并有花街、柳巷、幽兰巷(勾栏巷)等消费场所。这时候的观前还没有繁荣起来,只有颇为知名的大型道观。元末张士诚一战,市中心变成王废基,苏州的商市由城西继续向西移,凭藉运河在阊门、胥门间兴盛起来。

明清时期,地方史志记载"苏郡五方杂处,百货聚汇,为商贾通贩要津",苏州成为东南著名的商品集散中心。唐伯虎的《阊门即事》诗描述得好:

> 世间乐土是吴中,中有阊门又擅雄。
> 翠袖三千楼上下,黄金百万水西东。
> 五更市贾何曾绝,四远方言总不同。
> 若使画师描作画,画师应道画难工。

在这样热闹非凡的吴中乐土,商旅南来北往,互通有无,并以苏州为消费娱乐场所,客栈酒肆,笙歌不绝。到清代康熙时,已是樯帆如林,商贾云集,山货堆积,人称"金阊门、银胥门",成为"海内繁华,江南佳丽者"。那时的南濠街,成为三吴明清第一街,水陆两旺,驰誉五湖四海。而观前街还只是逢年过节士女游观胜地,至清代虽然也很热闹,但集中在玄妙观,观前商市还没有形成,远不如阊、胥门外的繁华。这从清乾隆年间苏州人徐扬画的《姑苏繁华图》中就可以看出全市的概貌。繁华地段就集中在胥门、阊门、山塘一带。

太平天国期间,阊、胥门外南北两濠昔日闹市毁于兵燹,满目废墟,蔓草丛生。由此商市的格局和重心也发生变迁。在战争期间,行商大贾纷纷出走,尤其是客帮巨商,大多移资沪上,苏州商界逐渐以坐商居多。当时战争殃及西半城,时人笔记中说:"阊门中市自西及东,直巷则专诸巷、吴趋坊,横巷则天库前至周五郎巷,延及刘家浜房屋之后半,尽为煨烬。"一些商号店铺退向城东,并在观东落脚,苏州钱庄也迁至平江路朱马交桥与魏家桥一带。战争对于观前影响较弱,仅北局一带被毁,观前玄妙观竟安然无恙,商市中心自然引向观前。太平军占领苏州后,忠王李秀成鼓励商人恢复营业,太平军王府也都在东半城,这些都给观前的繁荣创造了条件。苏州传统的纱缎业多集中在城东,城内大部分富户也都散居在临顿路附近的街巷中,购买力强,观东商市首先兴起。太平军退出苏州后,逃亡外地的商贾陆续回苏,因阊门外一片荒芜,他们也择地观前复业和开业。观前开始取代阊门、南濠繁荣起来。这是近百年观前商市的起因。

同治、光绪年间,择址观前复业或开业的不在少数。其中著名的商号有月中桂香粉号、稻香村、文魁斋、采芝斋、叶受和等茶食店,观正兴(后改观振兴)面馆、丹凤楼徽菜馆、巨成祥(后改生春阳)腿栈、乾泰祥绸缎铺、潘信康钟表铺、瑞信泰洋广货、休城胡开文墨庄、文仪(后改文怡)书局及原有老商号贝松泉笔庄、松鹤楼菜馆等,先后迁来观前街的有陆稿荐(大房)肉铺、黄天源糕团铺等。至光绪末年,观前已

— 53 —

百年观前

有 20 多个行业近 60 户商铺。

清末,起初被视为怪物的火车开始在中国出现。光绪三
十年(1904 年),沪宁线铁路开工兴建;三十二年(1906 年),
上海至无锡段通车,在苏州站举行通车典礼,三十四年
(1908 年),沪宁铁路全线通车。这给苏州的繁荣带来了更
大的方便。阊门由于水陆码头并举,百货便于集散,商市很
快又恢复起来。沪宁铁路通车,阊门外首先开通马路连接火
车站,更便于人流和货运,阊门商贸集市的地位再次得到了
凸现。那时从苏州火车站出来,都要经过钱万里桥到阊门一
带才能由中市进城。为了沟通城内外的商贸旅游,1922 年
建造南新桥,开辟新阊门,以后又改辟金门。这时,从阊门外
石路经南新桥进金门,过景德路便直达观前,步行不到半小
时。观前又坐落在市中心,自然成为商市一条街了。

到观前交通更畅达,是在 1928 年开辟了城北的平门之
后。那时由颜料巨商贝润生出资新建大桥横跨护城河直通
火车站,贝氏为纪念父亲取名梅村桥,桥南又筑平门大道直
接连通护龙街(今人民路),这样从火车站出来不必再绕道
钱万里桥、阊门,而可改走护龙街,直抵观前,交通甚为方
便。交通的便捷进一步促进了观前地区的商贸兴盛,因此由
察院场、观西进入观前的人逐渐超过观东,大大增加了观西
的商贸机会,察院场、观西至此进入兴旺时期。同时观前又
不失时机拓宽街道,就此形成全面繁荣之局面,从而发展为
苏州第一名街。

说到观西察院场(因明代在此设都察院而得名),有一
段趣闻值得一提,就是这里曾有一片与乾隆皇帝有点瓜葛

— 54 —

的剪刀店——张小全昌记剪刀店(图 21)。杭州张小泉族人张心斋于乾隆五十七年(1792 年)来苏,做铲刀磨剪的流动生意。积有余钱后便在察院场关帝庙北侧设摊。经杭州张小泉同意,开始用"张小全"作招牌。之后,业务蒸蒸日上,随之脱颖而出,由设摊变成开店。据说乾隆皇帝到苏州时,地方官员的贡品中就有张小全剪刀。乾隆还为之作了一首诗赞道:

> 一番琢磨一番新,燕尾裁成似锦纹;
> 绣阁红楼常作伴,金针玉尺便为邻。

张心斋将这首诗制成横匾悬在店内,从此张小全剪刀在苏

图 21　位于察院场的张小全剪刀店

州名气更大了。同业挂张小全牌子的增多,于是察院场张小全换牌为张小全昌记,以示区别。在宣统二年(1910 年)南洋劝业会和 1929 年西湖博览会上,张小全昌记的展品都获奖。这为观西的繁荣作出了贡献。

辛亥革命后,在新思潮冲击下生活开始演变,生活所需,百货云集,观前百货业迅速发展。如杨二林堂笔店、瑞和祥皮货庄、大新绒线商店、鸿茂昌布袜、明光眼镜店、怡和祥百货店、萃成祥皮鞋店、奇奇公司魔术玩具、贞和电料行等,包括经营绸缎、棉布、洋广货、皮货、南北货、鞋帽、日杂、五金、珠宝首饰、茶馆、酒楼、旅馆等 40 多个行业 120 余户店铺。店多成市,正是由于众多的百货业汇聚在观前,才使观前得以繁华似锦。

观前的商市

由于清末废科举,兴学堂,文化书店开始经销新式文具用品。光绪三十四年(1908 年)在观前所开设的文怡书局(原名文仪书局,溥仪登基后为避讳改名文怡)以发兑经史子集为主,宣统二年所开振新书局曾用珂罗版印过不少线装画册,后名东吴书局,都兼营学生文具用品和办公用品。辛亥革命后,新式学堂大量兴起,文化用品需求量大增,新老书店书局一般都兼营文具,观前出现专营的东来仪纸号,年销售额达 16 万元。1936 年,张文裕湖笔社又在观前创办,观前的文化用品逐年增长。作为观前地区的文化市场,还有众多的书坊。江杏溪于清光绪二十五年(1899 年)创办

— 56 —

的文学山房,初在嘉余坊口,后迁至大井巷。三开间宽的店堂,古书盈架,任人翻阅,后有楼座,贮书甚富,成为东南经售古籍的名铺。著名学者专家不仅在此选购书籍,还常在此聚会探讨学术,使名声日著。店里还自己用木活字排印《江氏聚珍版丛书》(又名《文学山房丛书》),曾远销日本、欧美。1956年并入苏州古旧书店。观西还有玛璃经房书坊,清末时专印木刻版本佛经、劝善之书,自产自销,苏州仅此一家,1930年拓宽观前时迁至景德路营业。包天笑《钏影楼回忆录》谈到:"观前街一家叫做文瑞楼比较最大,我们亦最熟,可以走进他们的柜台书架旁随意翻书的。"此外,在玄妙观西脚门有李德元的文庐书社、李光耀的百城耀记书店,牛角浜潘秋莹的育文书店。观内还有读见楼古旧书坊,虽一开间门面,藏古旧书甚多,凡藏书家从文学山房出来,必定要到读见楼再浏览搜购。解放后开设的苏州市新华书店,是随华中新华书店渡江后组建成立的。现在观前的新华书店(原址为同仁和绸缎局)新的营业大楼于1981年落成,全面开架售书,翌年被评为全国10个开架售书先进单位之一。在苏州这个历史文化名城,售书量逐年剧增,1949年为4.33万册,1966年为102万册,1985年为902万册,居全省第一。苏州文化底蕴深厚,这些文化市场无疑为观前喧嚣闹市增添了数处高雅淡泊的精神文明绿洲。

苏州本是丝绸之乡,有"日出万绸,衣被天下"的美誉。历来有绸缎、棉布两大经营行业。旧时沪宁线上人们添置新衣,并不到上海而是到苏州绸庄。《红楼梦》中就有到苏州大量选购物品的记述。苏州的丝绸轻软柔滑,色彩缤纷,苏缎、

— 57 —

百年观前

宋锦闻名海内外,在历次国内外博览会上,苏州丝绸产品屡次获奖,人们以一袭丝绸服装为富贵荣华的身份体现。苏州的丝绸之路通过水陆散向各地。辛亥革命后,随着民风、衣着习俗的改变,苏州绸缎业遂兼营棉布,布店兼营绸缎,经营趋雷同。绸缎业逐步改变绸缎、顾绣单一经营,兼营洋布、呢绒,甚至服装。绸缎店以资金雄厚著称,还有半个钱庄的说法,以富户,尤其是常来采购料子的主妇为吸蓄对象,利息高于钱庄,长期固定按月付息,严格保密。乾泰祥、同仁和等大商号常年收私蓄达10万银元。同时还做"放账"生意,向熟人熟客赊销衣料,于端午、中秋、年终时结账。放账不限于本城,还面向市镇,深得城乡老顾客欢迎。有些商店全年放帐达20万元银元左右。创于清光绪年间的同仁和绸缎局以银2万两开业,店址本在西中市,随着观前商市的兴起,于清末迁至观前。五开间洋式门面,内设环形柜台,经营商品范围极广,在广告中自称经销环球各国名产绸布、呢绒、顾绣、皮袋,第二进并设专柜定制各式男女中西服装,所经营的顾绣品还曾在国货展览会获奖。1928年,营业额达58万元。同仁和还鼓励店员放帐,每2万元奖500元。绸缎商在观前各商号中业产最大,资本最强,在苏州商界有一定地位。如同仁和绸缎局业主尤先甲,为创办苏州商务总会的发起人之一,并担任第一、二、三届商会总理之职。解放后,绸布业归口花纱布公司实行全行业公私合营,观前久泰并入三友、德泰及3个布摊,乾泰祥并入大众及大丰丝棉店。"文革"中久泰改名为人民,后改为丽新,乾泰祥一度改名解放。改革开放后,市场发生了根本变化。1983年12月,实行了

— 58 —

29年的棉布统购统销宣告结束,棉布类敞开供应,工厂开经营部,街道集体办绸布店,迅速发展,同时扩建翻建改造国营大绸布店,先后增设时美服装店、华丽化纤丝绸店、大华绒线店、新怡针棉织品店等专业商店。衣食住行,穿衣列于日常生活第一,尤其是安定富裕的苏州,穿衣是比较讲究的。观前成为人们买衣料和服装首选的地方。

鞋帽是穿着的配套物品。清光绪二十七年(1901年),戎法琴本在桃花坞兴隆桥开办戎镒昌鞋底作,后迁至东中市虹桥头,更名戎镒昌皮件店。1925年,戎镒昌皮件店在石路、观前设两处分店,后观前分店改为总店,并扩大经营皮鞋,有生产工人200人。戎镒昌经营各种皮件,因讲究精工,先后在南洋劝业会、莱比锡、芝加哥博览会获奖,声名鹊起,不但在观前是鞋业名牌,还在上海、南京设沪店和专柜,在沪宁线上也名声传开。解放后,泰山、协森泰、程德茂、西天宝等9户商店并入,建立光明皮革制品厂,厂店分开。"文革"中一度更名为东风皮鞋店。1984年,恢复旧名戎镒昌鞋帽商店。帽子原来与鞋业分开的。1925年,观前马天一、源源等帽庄开业。帽子经销季节性强,多属秋冬令商品,夏令兼营其他商品,如热天畅销的草席、扇子等,因此帽业又称席帽扇业或帽扇业,与扇庄不同的是经销大众化的蒲扇。

清代易明代服饰为"满装",男子一律"留辫理发",否则处斩。城乡间出现许多流动剃头担,有的逐渐觅址固定设摊,作为市中心的玄妙观,露台上就有刘广磨、刘广洲、刘广山等刘姓剃头师傅固定摊位,支布为篷,剃头师傅坐在高脚凳上,顾客坐在略低的凳上,面对面用剃刀理发。剃下的头

百年观前

发就掸在木盘中,以守"发不踩脚底"的民俗。辛亥革命后,"剪辫理发"成为反清明志的革命行动,理发业也由摊发展为店。苏州早期的理发店为王兰宝开设的协和剃头店,前门在观前,后门在兰花街,各置4张理发椅,在当时苏州理发业中堪称首屈一指。剃头师傅不仅为人理发,而且学就一套推拿、按摩、敲背、扒耳朵、翻眼皮吹灰、治落枕等传统服务手艺,深受人们欢迎。随着电气事业的发展,理发也逐步采用电烫、电吹风、电剪等新式理发工具,门口并安装红白蓝三色旋转灯为标志。观前一带较有名的高档理发店有观前的巴黎、北局的白玫瑰、宫巷的紫罗兰、珍珠弄口的白牡丹。1982年时,苏州市区有9户国营理发店,观前地区就有4家:邵磨针巷的汉民,观前的国际、红光,塔倪巷口的新新,常常是顾客盈门,排队等候理发。

标志苏州富有的银楼、珠宝商店,在观前街的两头各有其代表店铺。观东是沪宁线闻名的恒孚银楼,观西有苏州最大的珠宝商店倪源源号。恒孚银楼创建于清道光八年(1828年),庚申时迁避上海,幸免战火,同治七年(1868年),第二代业主程蟾香迁回苏州,在观前街原址西,租得天官坊陆冠曾的房子修葺后重振旗鼓,门楣上有砖雕贴金"恒孚"两个大字,稍上些有一个浮雕商标图案,为双狮抱着一个地球,地球中央刻一个"上"字,即"双狮上字地球"商标。石库门,一排五开间,梭形水磨方砖贴墙高达6米有余,这在观前众多店铺中格外显眼,十足的银楼气概。随着业务的扩展,先后在老阊门西中市、上海南京路和南市小东门、无锡北门内打铁桥、常熟南街、盐城西门大街等处设立分号。各地金号

— 60 —

观前街的兴起

图 22　恒孚银楼观前分店

图 23　观前银行、银楼相毗连

只要看到烙有恒字牌号的"足赤"金饰,照例不再测试成分,
照兑不误。这是恒孚银楼在沪宁线金业中信誉之高的体现。

百年观前

恒孚第四代业主程志范为提高恒孚声望,捐得候补知县衔,还通过开拓存款业务,增强资力,使之日益雄厚。苏州电气公司成立后程志范调集资金入股,兼任该公司第一任经理。电气公司观前事务所就是程氏房产,事务所在观西,后门通九胜巷,九胜巷大门门楣上有砖雕"乐圃"两字。观西银房弄口的倪源源是晚清时开设的珠宝商店,当时全市共有珠宝店7家,6家都开设在观西,倪源源为最大。该店与苏州名门大族都有营业往来,只要电话联系便送货上门。店内珠宝样柜里各种珠钻、翡翠、宝石琳琅满目,真是珠光宝气,令人目眩,不是腰缠万贯,就不要进来。据说,该业有一种特殊的业务技能,同业间相互转卖时,不用开口讲价钱,两人将手伸入其中一人的长袍大褂袖笼里,以摸手指代替语言。讨价时即使有第三者在场,也不知交易如何,在不言不语中将价格摸妥了。

商市兴起,流通领域必不可少的、供货币交换的钱庄、银行也渐次在这里兴盛起来。早先苏州钱庄同阊门商市联系在一起,多设于阊门外渡僧桥一带。及庚申之役,钱庄多移城东平江路一带。在观前日益繁荣的同时,金融业钱庄首先看好观前这个闹市,先后转至观前街。观前平安坊口的鸿源钱庄,光绪二十年(1894年)设立,为大庄号,1930年在观前又设立鸿盛钱庄,董事长都为严欣淇。光绪三十四年(1908年),豫康钱庄在玄妙观前设立,经理人汪源清;设在察院场的钱庄为永康,经理人程兆谟。1918年,庄泰钱庄在近观前的邵磨针巷设立,董事长张寿鹏。此外还有观前山门巷口的振苏和庄富钱庄,稻香村对面的义康钱庄。那时苏州

— 62 —

的大庄号均办理外埠汇总业务,通汇于长江三角洲一带,以上海为大宗。由于本地特产丝绸、刺绣、大米等多运销上海,苏州市场所需的百货又多从上海采购。在观前街拓宽后,各大银行都抢占观前这个黄金地段生财,观前街竟然出现过十步一行、廿步一庄的现象,有的银行索性毗连成片。据资料统计,那时有中央银行、中国银行、交通银行、中国农民银行、中央信托局、邮政储金汇业局、上海商业储蓄银行、金城银行、江苏省银行、中国国货银行、中南银行、国华银行、中国实业银行、四明银行、江苏省农民银行、中华银行、田业银行、吴县县银行、亚洲银行、新华银行、永大银行、浙江兴业银行、太仓银行等23家银行设苏州分行于观前。这些银行大楼集中在观前,且大部分在观西,使观前成为苏州的金融中心,也给观西商市注入了活力。人们要在观前购物存兑,就要常去银行,而景德路察院场一带也店肆纷立,观西的繁荣逐渐超过了观东。

图24　银行、金店在观前

苏州人的"吃"是一大学问。观前在这方面也是出了名

百年观前

的。观前作为市中心的商市,有许多人到观前正是冲着"吃"来的。本书有"吃煞太监弄"专题介绍。这是大菜式菜肴的吃。在观前玄妙观,有各式小吃。在观前街百年老字号店铺中,大部分都是提供各种吃食的店,从卤菜熟食到糕饼糕点、茶食糖果,都有吃的历史。吃往往不是独吃,独吃无趣,而是邀三五好友结伴而往的吃,因此观前愈加闹猛了。在传统的苏式食品中,各地的食品也寻机加入,拓展市场,苏州人的吃也增添了花样。食品中比较新式的是南方来的广式食品,在大成坊巷西边有广南居广东食品商店和广州食品公司在竞争市场。

广南居店面一开间平屋,后进三开间,自产自销各种广式糕点食品,尤其是春夏供应的马拉糕、白糖伦交糕,以松糯香甜风靡苏城。后面三开间设有雅座,供应广东宵夜,鱼、鸡荤生菜小洋贰角一盆,并奉送菠菜与粉丝,瓦罐一只,风炉一具,炭火熊熊,自烫自吃,这种吃法现在早已普及,当时确实别具风味。还供食快餐鸭煲饭,饭糯鸭肥,随到随吃,这种快餐在当时也属首家。苏州人尝新的兴趣也浓,广南居一度独领风骚。

广州食品公司在平安坊口,原址是马玉山糖果饼干公司,创办人为广东籍马玉山,与上海马宝山饼干公司创办人称弟兄。经营西式糖果和马头牌商标的各种听装、盒装宝石饼干、梳打饼干。1924年,也是广东人赵达廷出资银元四千接盘该店,并于1927年改名为广州食品公司,以经营西点、面包、粤菜为主。为了能与广南居争夺顾客,他们在增加品种上下功夫,将上海冠生园著名商品蚝油、辣酱油、虾酱、果

— 64 —

汗牛肉，梅林厂的各种罐头，马宝山的各种特色饼干，广东的腊味、甜橙、沙田柚、蜜饯糖果等百余种商品汇聚上柜应市。除此之外，还有独家经营的嘿罗面包、裱花蛋糕、广式月饼成为自己的特色食品，吸引了想换换口味的苏州新潮年轻人。直至以后的几十年中，广州食品公司始终以这几个品种著称，每逢中秋节，上门选购广式月饼者络绎不绝，而逢年过节，广式裱花蛋糕一时还形成排队订购现象。为了推销食品，他们还组织小贩身背印有"广州食品公司"广告的面包箱到车站码头或走街串巷，叫卖"嘿罗面包"，给全市民众留下深刻印象，"嘿罗面包"成为家喻户晓的食品。在如此强大的攻势下，广南居自然不敌，败下阵来。30年代，广州食品公司又购得一台从旧军舰上拆下的制冷冰箱，开始自制冷饮，有刨冰、冰淇淋和冰冻鲜桔水，别开生面，一到夏日，顾客盈门。全盛时期是1935年，在二楼设大酒楼，特邀上海国际饭店和冠生园师傅来苏，经营西点、粤菜，并设置全套西点银餐具，特制景德镇瓷器，陈设豪华，品位高雅，一时名流云集，名声大振。1937年由于抗日战争爆发，形势顿变。解放后，苏州广州食品公司的广式糕点在沪宁线上仍享有声誉。改革开放后，广州食品公司又翻建营业大楼，除保持传统特色食品外，与江、浙、沪、广、闽等地广泛联系，经营品种增至三千多种，并合资办苏州加利福尼亚芳香鸡有限公司，进一步引进日本面包生产设备，不断跟上时代发展的步伐(图25)。

糖烟酒盐业，在苏州的大街小巷到处都有。早期食糖主要来自广东，属南货，由南北货商铺经营。香烟散在各烟杂

百年观前

图 25　广州食品公司新营业大楼

店经销，观前烟酒店更多，小的一开间门面，有的只在店的一侧摆个摊，将捡到的香烟屁股拆开，加入新的烟丝，手工卷成香烟出售。后来才有较大的新丰烟酒店等。有段时间卷烟供应紧张，观前、石路等地出现凌晨排队购烟的情况，因此实行凭票供应。酒的消费量在旧时较大，一个人饮黄酒五六斤不为多，酒坊、酒堂比较兴旺。观前一带著名的有元大昌、全城源、老宝和等。其中元大昌日销酒量达 30 余坛。除了菜馆饭店的饮酒，元大昌的堂吃也是有滋有味。每当华灯初上，堂内酒溢香飘，座无虚席。挽着提篮叫卖家庭风味菜肴的小商小贩，往来穿梭于酒桌之间，店内的跑堂对熟客的酒量了如指掌，端来的酒菜也恰如人意。一到夏天，元大昌还辟有花园露天雅座。宫巷的同福和、第一天门的老万全等酒店营业规模则远不如元大昌，但也分档面向不同阶层的市民。

　　人有生老病死，观前的药店也少不了。由陆绪卿创建于清嘉庆十四年（1809 年）的良利堂药铺，店址原在肖家巷酱

— 66 —

园弄西首,后迁址观前街64号,改名良利堂参茸店,"文革"期间一度更名为苏州药店。这是一爿着重于精制饮片和滋补药品的中药铺。由王庚云创于清光绪八年(1882年)的王鸿翥国药店,位于观东临顿路56号,偏重首乌延寿丹等成药销售,祖传成方小肆人参胎产金丹、戈制半夏等成药也行销各地,原名王鸿翥堂药铺,"文革"期间一度更名为人民药店,后改为王鸿翥药店(图26)。这些都是百年老字号国药铺。患者有病,到此类有信誉的老字号配药特别放心。

图26 百年老字号王鸿翥药店

传统的中药铺设在观东,后来的西药房因观东无隙地便开设在观西。宣统二年(1910年),广货业在观前开办华英药房、中英药房,经营西药。民国时期,由经营一般家庭用药如眼药、咳嗽药水等,转向经销德国拜耳、美国慎昌、法国永兴等洋行的进口药品。20年代在观前开设的西药房还有太和药房、华美药房。1956年归口市医药公司,网点调整,观前有华洋、集成、太和、信昌(医疗器械)4家,1965年增设建华、华明。以后苏州市中西药店几度并拆,仅留第一(石

— 67 —

路)、第二(观前)、第三(西中市)3家医药商店。1975年恢复第三(观前)、第四(道前街)、第六(临顿路)医药商店。

由于观前所处的商市位置和繁荣的商市对百姓的吸引力,凡是当时在苏州新兴的行业都会首先在观前街择址亮相。比如苏州首家照相馆日光照相馆就设立在观前街,这是光绪八年(1882年)吴瑞生所创办。他早年随父亲经营洋广杂货,往返苏沪两地,业余自学摄影,曾一度赴南京专为考生照相。回苏后决定自办照相馆,于是在观前街设立了苏州第一家照相馆。人们图新奇,前去摄影的不少。1909年,又在宫巷太监弄口开办瑞记照相馆。1913年,叶柳村在观西开办柳村照相馆。当时都请广东技师摄影,照相馆还兼营镶牙,一般楼下照相,楼上镶牙。1920年,柳村照相馆首先用电光照相,一时各照相馆纷纷效仿,更换装置;柳村店里还备有戏衣供人借用拍照,戏迷都来借穿、化妆后摄影,古今合一,一时趋之若鹜。

1956年,调整商业网点,观前有照相馆大华、光明,东脚门荣华,西脚门中国,牛角浜金门、大同,宫巷米高梅、标准、皇后、派克,太监弄美琪,邵磨针巷国际、察院场银花、国泰等。其中国际创办于1942年,一开间3层楼,在当时设备属上乘,以后陆续将邻店购下并入,业务扩大。解放后在南门设分店,在园林设立流动服务部,为同业之首,久负盛名。1981年不慎失火,后迁观前爵禄旅社处营业。改革开放以来,随着照相技术的发展,艺术水平的提高,彩色照相迅速发展。观前大华照相馆投资20万元改造摄影室,成为江苏省内大照相馆之一(图27)。人们竞相前去拍摄婚礼照、艺术照,观前依然是人们向往的拍照好去处。

图 27　大华照相馆新姿焕发

在观前的百年老店、银行大楼、饮食各类店辅间,还参差夹杂着各行各业的大小店铺,起拾遗补缺的作用,这对于观前的繁荣也发挥了一定的作用。人们一旦到了观前,什么物品都能买到,不用担心买不到东西,不必转到其他地方。观前一条街成了购物中心。

苏州经销五金工具、材料的商店,在清同治、光绪年间自成一业。经销插销、锁钥、窗钩、铰链、玻璃的小五金店号多集中在观前,为建筑装潢配套。大五金店号多开设在阊门外。观前的勤丰五金店后改名新华五金商店,设建筑、工具专柜;祥大源五金店在 1960 年后专营水暖螺丝,1966 年改名为苏州水暖螺丝商店。

经营电料器材的商店始于清末苏州电气事业的开发。电力的使用促使电料器材需求量不断增加。1927 年观前开设贞和电器号,专营电料、灯泡。解放后调整网点,原观前五金号裕昌祥改营电料。1966 年,易名苏州电器电料商店,

— 69 —

百年观前

1970年,分拆为苏州电讯器材商店和电工器材商店两家。

创于光绪年间的诚忆协为有名的大漆店,设在观前。自行从陕、川等地购入原漆加工后销售本市各漆作坊和家具店。1958年正泰漆店并入,1964年永和颜料店并入。1968年诚忆协更名红宇油漆化工商店,1982年迁至临顿路。

清末,经营瓷器的行商、牙行多数在阊门外四摆渡、太子码头一带;坐商以玄妙观居多,光绪三十一年(1905年)已有徐丰泰、严振发等几户。1934年后,浒关有几户瓷号迁至观前邵磨针巷,翌年巷内瓷号达13户之多。日军侵占苏州时,瓷器号损失惨重,玄妙观新发仁损失5 000元,劫余仅存300元。1956年,苏州首家专营杂品的商店万国在观西建立。日用杂品业由经营陶瓷、瓷器、竹木器、铁器、白铁器、棕刷、蒲扇、草席及蜡烛等日常生活用品的多个自然行业演变、发展形成。万国成为日杂用品的集大成者(图28)。1963年,勤奋杂品商店,成为观前万国后的第二家杂品商店。

图28　观西万国日用杂品商店

— 70 —

由于社会风气改变,衣着崇尚西式,西装、毛呢料类衣服逐渐取代了绸缎类的长袍大褂,但一般家庭无条件洗涤、除渍、整烫、织补,因此洗染业应时而兴,著名的太湖洗染店创于1941年,业主无锡人张泉材,初在大井巷口开办快乐洗染店,稍有积累后在察院场口开办太湖洗染店,后迁观前街中,不久又在宫巷内开设分店。采用西方新式皂剂洗涤,又具有传统熨烫、补修、染色加工手艺,以接高档服装洗烫为主,保证洗烫染色质量,脏的交进去,笔挺送出来,在苏城信誉颇高。

虽然苏州人生活安定,比较富裕,但也是不平衡的,因各种原因而盛衰起伏,这在旧货寄售业中就显露出来了。观前是闹市区,旧货寄售也跻身其中。1956年统计时,全市旧货摊贩有513人,观前旧货市场310人,占半数以上。永泰为总店,后来从玄妙观迁太监弄吴苑深处茶馆,称苏州旧货商场,资金积累达60万元。后来又迁玄妙观东脚门、观前街上,改称创新日用品调剂商店。经营上逐渐改变成经营处理品的商店了。

解放初,全市商业网点进行调整,并按2个商业区、7个商业片、14个商业段、61个商业点进行规划。撤并小店小铺,发展综合型商店,扩大特色商店和老字号,使观前街的特色商店和老字号店铺得到了巩固、完善和提高。据1956年统计,观前地区商业有115个行业,357户,作为商业重点区得以保存和发展。50年代初,开辟了南门新商业区、北塔商场等一批新网点。各行业革除各种陈规陋习,提倡社会主义商业新风尚,以为人民服务为宗旨,开展优质服务和劳

— 71 —

百年观前

动竞赛,商业面貌焕然一新。

1958年至1978年间,苏州同全国各地一样,严格执行"工不经商"的规定,商品以计划收购、调拨、分配、供应为主。在观前地区主要有玄妙观百货批发站和观东九胜巷口的纺织品批发站。

改革开放使全国各地演绎了春天的故事。苏州基础好,人也勤奋,很快脱颖而出,春绿江南,给商业发展带来了生机。市区老商业街青春焕发,重振雄风,新商业街又在形成、崛起。党的十一届三中全会后,进行商业体制改革,商品流通渠道扩大,国营商业一统天下的局面被打破,集体、个体商业发展迅速。观前商市由此也空前活跃。各地商品在观前大流通,观前的热闹繁华又一次得到展现。观前大小商号在改革开放中纷纷扩建、翻建、改造,尤其是松鹤楼、黄天源、陆稿荐、生春阳、采芝斋、稻香村、叶受和、月中桂、乾泰祥等百年老店再度辉煌,广州食品商店、小吕宋儿童用品商店、东来仪文化用品商店、万国杂品店等名特商店也面貌一新。上海豫园商城苏州商厦也在观前街落户了(图29)。观前地区成为集体、个体商业开发的热土,个体经营的店、点、柜也不断增加,服装、鞋类专业商店越办越多。每天晚上,由个体商业户在观前街当中摆摊形成夜市。

改革开放以来,苏州市经济空前繁荣,市区商业网点迅速发展。在数量上,1979年为1701个,1985年达6454个;在布局上,分为观前、石路、南门3个重点区,东西中市、景德路等7个中型区,南环、彩香等14个居民新村点。

在曲折的历史发展过程中,作为姑苏前朝后市的观前

— 72 —

观前街的兴起

图 29　上海豫园商城苏州商厦

市井,最终成为苏州繁华的商业第一街。观前如此繁华,人们荡观前才能左右逢源,各有所获。我们不妨去走一走,看一看,荡荡观前如何?

荡观前习俗

既然观前这么繁荣闹猛,去观前游赏购物的人自然就很多。每天究竟有多少人在观前街进出,难以统计,仅根据人民商场的统计,那里的客流量为日均 10 万人次。观前的人流量应是 10 万人次的若干倍吧。

荡观前有各种时节,观前的人多人少与此有关。遇到节令,人流量必然要比平常多些,在旧时,观前街还没有繁荣起来的时候,人们荡观前为的是"白相玄妙观"(苏州方言,意即游玩玄妙观)。到玄妙观白相,大致是玄妙观的几个神仙诞辰。香客提前沐浴,然后按时前往烧香,道士做香烛生意,各殿宇钟磬齐鸣,三清殿露台上香烟氤氲,人们到此感受天庭神奇色彩,了一份心愿,祝一生平安,然后是结伴游观。中国传统节日中最看重的是春节。因此,春节期间,市中心玄妙观成为人们必去的地方。无论是达官贵人还是庶民百姓,在这时都是身穿新衣,头戴新帽,足登新鞋,喜气洋洋从各处来到玄妙观,祈祷来年吉祥。

形成人轧人、人看人的热闹场面。清康熙年间，沈朝初有阕《望江南》描述道："苏州好，到处庆新年，北寺笙歌声似沸，元都士女拥如烟，衣服尽鲜妍。"北寺塔和玄妙观都是苏州人过年游赏的胜地。根据地方史志所说，玄妙观三清大殿，为郡人习仪、祝厘之所，绅士在立春时要到玄妙观三清殿望阙遥贺，谓之"拜牌"。礼毕，盛服往来，衙门交庆。这是一年一度的礼仪。时逢初春玄妙观桃花盛开，也是士女们踏青游春之时。当时城里有东南野地看菜花，西北桃花坞赏桃花，市中心玄妙观观桃花，灼灼其华，吸引士女们三五结伴，渡红栏小桥，到玄妙观进香连带赏花，领略春天的气息。时值春风起，桃花落英缤纷，遍地灿若云锦，便踩一路灿锦，带一身花香回家。

白相玄妙观

真正形成"荡观前，白相玄妙观"的苏州口头禅，大致是在清末。因为清末的观前商市兴起，开始繁荣，而且阊门外遭庚申之役尚未恢复，吴中乐土便是市中心观前玄妙观了。初刊于清道光十年（1830 年）的顾禄《清嘉录》详细记述了当时新年"城中玄妙观，尤为游人所争集"的盛况，确实是一片游乐场所。有卖画张的，在三清殿内聚集出售，农民争买《芒神春牛图》。当时玄妙观没有专供零售的店铺，都是支起布幕设摊，晨集暮散。摊主出售糖果、小吃、琐碎玩具、杂品等。只有东西两廊及甬道，有茶坊酒肆及小食品店，门市如云，托盘供买食品的，亦所在成市。玄妙观内最吸引人的，是

百年观前

来自四方的杂耍诸戏,各献所长。如立竿百仞,建帜于颠,一人盘空拔帜,如猱之升木,谓之"高竿";置磁甏于拳,以手空中抓之,令盘旋腰、腹及两腋、两股,瞥起倏落,谓之"弄甏";小儿缘长竿倒立,手松开以腿夹竿,然后垂手翻身而下,谓之"穿跟斗";以磁盘置竿首,两手交换,有时飞盘空际,仍落原竿之上,谓之"舞盘";此外有踏高跷、变戏法、绳技走索、傀儡牵戏、口技表演、看洋画、观西洋镜;瞽男盲女击木鱼、铜钹,答唱前朝故事,说因果;还有唱滩簧戏、放丝鹞、扯地铃各种游艺,以及测字、起课、算命、相命医卜星相各式人等靡不毕至,以售其艺。三清殿前可谓三教九流杂处,贵人庶民齐集。范来宗有《游观》诗云:

> 仙都玄妙六门中,遐迩争趋老少同。
> 大地广场逾鹤市,诸天法相若敖宫。
> 种桃道士重门杏,卖果儿郎百戏空。
> 何事千人齐引领,香舆裙露石榴红。

蔡云《吴歈百绝》中也有"城外西园城内观,趁闲趁闹尽嬉顽。可怜佛宇仙宫好,混却茶炉酒肆间。"这些诗句活画出了当时的热闹场面。

平时到玄妙观白相,也有很多兴致。正山门、三清殿的神像既威严又端庄,令人敬而恭之,烧香祈祷,心灵上总有一些安慰。在定性安神之后,如果附近殿宇里正在打醮,传出悠扬悦耳的道教音乐,不妨前去观赏一下法事,可以感悟神道的玄妙,解脱一些世事的烦恼。玄妙观的十八景,可以一一按图索骥去辨认,去猜测,去阐解,去谈笑。这些民间艺术就是这样一代代相传,甚至以误传讹,转相传闻。广场上百戏杂陈,令人目不暇接,只能选几样观赏。这是又一种民间艺术,来自民间,祖孙相传,各显身手,各有技巧,可谓三百六十行,行行出状元。这是真本事。被喻为假本领的是变戏法,只是戏法人人会变,各有巧妙不同而已。至于美女人首蛇身等是利用光学原理,吸引不少人观看。在玄妙观东西廊有人在说大书,即评话,几张长凳排在那里,顾客随到随坐,如果走得有点累了,正好歇歇脚,有时《说岳》,有时《三国》,不是常客,也不说长篇,说到紧要关头,总是"且听下回分解",给大家一个强烈的悬念。传统民间文学就是有这样的魅力。走得有点饥了,则玄妙观里的小吃任你挑选。有五芳斋的两面黄、汤炒面、小笼馒头、五香排骨,小有天的酒酿圆子、莲芯藕粉,糜顺兴清真馆的葱油饼,世代相传的海棠糕、糖粥摊、油汆臭豆腐干、粢饭糕。升美斋的鸡鸭血汤有一大铜暖锅,锅内分成6格,各安鸡血、鸭血、百叶包肉、油豆腐、杂烩等,如果要一碗尝尝,摊主会熟练地拿起盛有粉丝的碗来,将粉丝倒入抓漏,抓漏搁在汤锅里,然后将百叶包肉、油豆腐放碗中用剪刀三两下剪成片状,加入鸡鸭血和杂烩,这时粉丝已烫热,抓漏取出倒入碗内,加点热汤,再抓一把香葱,洒几滴香油,热气腾腾的端给你了。玄妙观的小吃一次是尝不尽的,只能每次尝一两样,留下下次再来的吸引力。

百年观前

图 30　玄妙观前面的货摊(1926 年摄)

袁景澜《圆妙观》诗云：

> 元都观里遍红尘,隔水桃源几问津。
> 灵宝画图传变相,化人城阙寄仙真。
> 千言道德琅函字,四照琦花阆苑春。
> 浩浩广场喧市语,绿篆何处觅通神。

袁诗吟咏了玄妙观的神殿仙宫风貌、热闹情景。游人白相玄妙观,看杂耍、尝小吃,还要到各处布篷地摊一一转悠。若觉得一次不尽兴,可下次再来;待到下次再来,或许又有新的篷摊、地摊冒出来,令人玩不够,再回头(图 30、图 31)。玄妙观的民俗风情就是这样富有魅力。

— 78 —

荡观前习俗

图 31　三清殿后台基上的地摊

各取所需荡观前

　　到了道光年间观前拓宽为长条石板街时,人们荡观前才有了实际生活上的需求。可以到绸缎庄剪段绸缎做衣服,或者包成礼品送人。如果做绣服的话,观前同仁和绸缎局还设有顾绣可以加工,或选用绣料,直接可以加工成服装。在茶食糖果店买些点心零食,以备不时之需,或者带回去给孩子一点欣喜。进书坊翻阅古籍,求知解惑,或偶尔淘到一本梦中寻它千百回,得来全不费功夫的孤本名作,那是大喜过望了。按时令到黄天源买撑腰糕、青团子、重阳糕、糖年糕的,一路上黄篮头里露出的糕点,又将时令的到来传递给了行人。

— 79 —

百 年 观 前

随着观前商市的兴起,接连开出各家店铺,推出新的物品,人们荡观前的兴致更浓,左右顾盼,目不暇接。当然,观前的商品既多又好,也讲信誉。因此配眼镜,要到观前明光(后改光明)眼镜店。修钟表,找观前馀昌钟表行;买首饰,到恒孚银号;选珠宝,有倪源源珠宝商店。欲购时装、鞋帽,更是到观前众多的服装鞋帽店任你试样挑选。再说其他商店还没见到的商品,总是首先在观前街出现;其他街巷没有的商店,也是首先在观前创设门市。新颖的化妆品,在月中桂率先上市供应;面包、西餐,也是在观前才见得到,尝得到;外来的(有的从广东传过来的)照相在观前开设有好几家;直至当代的肯德基快餐、加州牛肉面、荣华鸡、芳香鸡,无一不是首先在观前亮相,招致人们排队品尝,然后传遍苏城。国货商场、日用百货商店,百货陈列,南北货土特产各类商品应有尽有。人们荡观前,不仅是购物,也开了眼界,开拓了视野,知道了市场上流行什么,价格多少,即使空手而归,也是饱了眼福,长了见识。

传统的荡观前消遣之一,就是被称之为"早上皮包水(孵茶馆),下午水包皮(孵混堂)"的上茶馆,下澡堂。清代沈朝初有《忆江南》咏茶馆:

> 苏州好,茶社最清幽。阳羡时壶烹
> 绿雪,松江眉饼炙鸡油,花草满街头。

市内茶馆数观前地区最多。观西察院场口有彩云楼,也是当时象棋棋会之地;观东醋坊桥肖家巷口的金谷茶馆,则是围棋手云集交锋之地。如果技痒，则不妨进去一试。进入观前，在大成坊巷口有丹凤茶室，与之遥相呼应的是玉露春。玉露春店大堂深，后门直通玄妙观，夏末秋深，这里是斗蟋蟀的场所，人声鼎沸，嘈杂非常，不爱此道者，请勿入内。宫巷有桂芳阁、小如意、聚来厅，北局有清风明月楼，太监弄有怡和园。1912年，怡和园改为吴苑深处。许多茶馆兼营书场，比较有名的茶馆书场，有桂芳阁、吴苑深处、茂苑等。若时间充裕，就到吴苑深处，香茗一壶，清香袅袅扑鼻前；弦索叮咚，吴侬软语入耳间。如果口馋或腹饥，只要一招手，各种小吃贩子会顶着藤匾即刻趋前，素的有"出白果玉、五香豆，甘草梅子、黄莲头"，荤的有"反煎馒头、盘香饼，五香鸭膀、鸭舌头"，以及"糖果瓜子、绿豆糕，火腿粽子、茶叶蛋"，任你挑选。如果存心品茗，最好到观前汪瑞裕。汪瑞裕茶庄兼茶馆，这是推销茶叶增加营业的好方法。凡到该店购买茶叶，就可以上楼免费泡饮，当场品茗辨味。在楼上饮茶，也可点要下面店堂里出售的各类茶叶，随意选啜。此外汪瑞裕地处观前最热闹的中心，饮茶又是在楼上，可以一边啜茗，一边远眺玄都，近瞰街景，观前盛景尽收眼前，可谓身居闹市，又得静心养性。"香茗幽兰沁肺腑，碧波涟漪乐其中。"其趣无穷，使人乐而忘返。

　　明代郎瑛《七修类稿》载："吴俗甃大石为池，穹幕以砖，后为巨釜，令与池通……人专执爨，池水相吞，遂成沸汤，名曰混堂。"吴俗混堂就是浴室。旧苏州有"七塔八幢九馒头"之说，九馒头就是指以砖砌成穹幕形的9家浴室。浴室内有剃头、擦背、敲腿、捏膀、捶背、捏脚、修脚、擦皮鞋、代

百年观前

买小吃、代洗衣服等服务项目,所以苏州消费者午后常去浴室休闲,享受一下使浑身轻松的服务。有的常客喜欢早点去洗头汤水,讲究干净,然后精神抖擞出去参加各项活动。有的约好友在浴室边聊边休息,成为一种生活享受。观前早期有汇金泉盆汤浴室、太监弄蓬瀛盆汤数家。1929年在观前拓建之际,由范庚林、居正举、居新增合股1.5万元法币,兴建清泉浴室,一时成为城里颇具规模、设施完备的大浴室,并有"八大特色"招徕浴客,而且地处观前黄金地段,所以直至解放后的几十年中,宫巷清泉一直是浴室业中生意较好的一家。

1949年4月27日苏州解放,市民们在观前街上喜气洋洋地打起了腰鼓,欢庆人民解放,共庆新生活的到来(图32)。在以后的历次重大活动中,观前街始终是游行队伍必经之路,苏州的各项活动都在观前街得到了展示。例如:1950年抗美援朝示威游行、1956年庆祝社会主义改造完成的游行、1959年庆祝中华人民共和国成立十周年举行的盛大庆祝游行、反对美帝侵略越南的活报剧,等等。观前成了欢庆胜利、伸张正义的通天大道。当浩浩荡荡的游行队伍经过观前,便给传统的观前注入了时代的活力。

今日荡观前,是国富民强、政通人和、精神文明的表露。国家安定,苏州繁荣,生活富裕,人民高兴,这才有了今天的荡观前。劳动人民不是"劳碌民",是国家的主人,也应该享受那工作之余的幸福休闲。人民创造了社会财富,繁荣了观前,也完全应该享用自己创造的劳动成果,去观前荡一荡,看一看。荡观前是人民群众一种正常的需求,也是一种生活

— 82 —

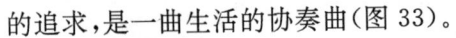

的追求,是一曲生活的协奏曲(图 33)。

图 32　市民们在观前街欢庆苏州解放

荡观前,讲的是消遣休闲的心情,在于一个"荡"字,无忧无虑,有说有笑,不紧不慢,环境宽松,心情舒畅,没有任务,没有目标,信马由缰,荡到哪里是哪里。可以从观前的一头荡到另一头,也可以荡到一半就回去。看到有什么新奇的、合适的、正是自己所需的,就不妨挤过去,上前挑选,买下也好,不买也好,都无所谓,正好淘到称心满意的也说不定。带着消遣休闲的心情荡观前,是一种优游,是一种乐趣。

荡观前,重在荡观前的那种氛围。那种人轧人、人看人的热闹氛围,一下子就把人的情绪感染起来。人轧人,轧的是人气、财气,轧的是兴趣;人看人,看的是俊男、靓女,看的是时尚。人轧人是一种游兴,人看人是一种观赏。看得人眼花缭乱,兴致勃勃,游得人乘兴而来,满意而归。在观前那种

百年观前

氛围中转一圈,是一种满足,是一种享受。

图 33　桃花坞木刻年画《新姑苏圆妙观图》

　　工薪族平时上班、回家,两点一线,缺少时间上街走走看看。现在实行双休日制,荡观前有了比较充裕的时间,正可利用双休日上观前去荡一圈,放松一下。平时在新公房呆久了,也要到观前荡荡,散散步,那实惠胜过做健美操。年轻人穿了新潮时装,也要到观前潇洒走一回。热恋中的男女搂腰搭背,毫无顾忌地在人群中穿行,成为前卫先锋。老年人互相携扶,来观前荡荡,寻觅那已日渐消逝、但在回忆中抹不去的老苏州情结。不同条件、不同年龄层次的人荡观前,是一种自我释放,是一种各取所需。

　　虽然现在的美食又有了嘉余坊、学士街等新开辟的餐饮店,花样翻新吸引了不少顾客,但很多人还是想念太监弄的百年老店,原汁原味,百吃不厌,吃的是传统,吃的是名菜,吃的是名气,吃的是品位,吃的是闹猛,吃的是情趣,吃的是对观前无穷的回味与流连。

虽然现在苏州商厦林立,货源充足,有商市鼎足而三,但很多人还是喜欢到观前去采购,去比较一下货物和价格,选择一下规格和花式,最后还会把钱花在观前的商市。因为这里讲的是信誉,讲的是服务,讲的是名店,讲的是名牌,讲的是货真价实,让人放心。

在这里,古今交融,中西合璧,雅俗共赏,老少咸宜。外地亲戚朋友来了,除了去园林游赏那江南独特的园林艺术,最后总要陪着去观前走一走,看一看。看一看老苏州的传统,看一看新苏州的风貌。在荡观前的同时,可以看到苏州的历史、文化、民俗,感受到吴文化在观前街的延续和伸展。

到苏州不可不到观前一游。

玄妙观众生相

在我国南方,苏州玄妙观与南京夫子庙、上海城隍庙被并称为"江南三大游乐之地",都以繁华热闹、文化内涵丰富而驰名全国。

玄妙观除了殿宇规模宏伟、道教文化气氛浓郁之外,观内空地上货摊杂陈,生意兴隆;艺人屡出奇招,看热闹者熙来攘往,那五花八门的风光使人目不暇接。玄妙观又是昔日三教九流、游手好闲者的聚集之地。这里虽然长年喧闹而无序,各种新、怪、奇、特的玩艺儿层出不穷,但人们进了玄妙观,那悠闲的心境,以及想吃、想玩、想看的诸种心愿都能得到最大的满足。

玄妙观大约早在清嘉庆、道光时期就有摊肆和围场卖艺诸类形式存在。随着时俗的变化,其形式和内容亦不断更易发展。据有关资料记载:玄妙观作为一座大型道观,自古宗教活动一直兴盛不衰,诸如有为神祇的诞辰作祈祷;有民间信徒举行打醮、做道场,以祈福消灾,保佑平安;还有烧香、求签等等形式。

但另一方面,民间的买卖生意,露天篷摊式的演艺、玩耍等亦日渐兴盛,逐渐奠定了玄妙观这块江南游乐之地的基础。由清末至 1926 年左右,观内市面兴于东脚门及御道一侧。当时,固定的摊店尚不多,多数尚为搭篷设摊而已。观内的5 条通道,除正山门御道是由块块青砖砌成外,其余的均为泥地。若适逢雨天,便四处水洼,游人少至,设摊者生意清淡只能歇业。故旧时在玄妙观做生意有"风吹一半,雨落全无"的老话。当时的摊基租费是现设现收,不设不收,设一天算一天。观前街拓宽后西脚门市面开始兴旺,东脚门摊店大多渐向西部转移。而玄妙观内各处的空场却成了近村远乡、南腔北调杂技艺人的天下。这是江南人特别是古城苏州人喜欢常来"白相相"或者看"西洋镜"的游乐之地,从此一年四季有了熙闹的景色。

露天篷台惊怪杂技

说到中国民间的杂技杂耍,那给人的新奇刺激不下于第一次坐飞机,第一回攀崖壁。中国民间的各种杂技和杂耍绝活起源于哪一个朝代,不敢妄断它的悠久。至少,在明清时期的江南一带,各种走江湖的南北杂技已经十分丰富多彩了。清末民初的玄妙观,露天杂技艺人可以说是成帮结伙,在观内一日日延续着他们各自的卖艺生涯。三清殿后面有一片空场,经常被来自五湖四海的杂技班子与以饲养珍禽异兽为生者租用演出。这些杂技班子都是东西南北跑码头的江湖艺人。他们落脚玄妙观后划地为营,以一道道绳网围环,圈里搭起大篷,门口专门有人站着高声介绍表演内容,并且不时地抬手邀客。帐篷里面经常是人头攒动,台前两侧有两人喇叭铜鼓一吹一擂,吹擂之声满场震耳欲聋。循着起伏的喇叭声和擂鼓声,依次登台的节目和帐篷大门上面悬挂的白布幌所绘的节目广告画基本相同,并未玩什么虚花招,倒是实实在在的奇异人或真功夫。观众可见,一会儿两个一伞高的小矮人或翻跟斗或倒立行走,还不时做着鬼脸怪相,引得场下人一下子来了劲头。过一会儿出来了一个双臂全无的特等残废人,但他那双脚却出奇的灵巧:能坐着用左脚端碗、右脚夹筷,然后一筷筷夹菜送入嘴中;稍过片刻他又用右脚磨墨,然后夹一支小毛笔在一张白纸上写出一排歪歪斜斜但字迹还算清晰的蝇头小楷,使看客们一阵惊喜;下面还有绝活,他还能用左脚捏住针,右脚捏紧线,让人们眼睁睁地看着他将线穿入细如蚊脚般的针眼里去。

表演一个接着一个,让场下的观众一波接一波的惊喜。那在篷顶高空翻滚秋千身轻如燕的艺人颇能博得众人由衷的赞叹。还有那飞车走壁。三四十年代玄妙观的飞车走壁杂技是很新潮又很刺激的。表演者骑着自行车快速地在巨型桶状的戏篷木壁上飞驶,一圈又一圈……奇怪,骑车人不会从空中摔下,下面的看客倒是都将心提到了嗓子眼上来了。据说这种飞车走壁靠高速惯性使玩车技的人如履平地。这种杂技表演最早在上海滩出现,苏州近水楼台先得月。玄妙观的飞车走壁杂技直到60年代初还时常开演。由于这节目惊险刺激,常常观者如潮,场外排队等看是常事。

猢狲出把戏

清代时期的苏州北寺、元都皆是春节游观之地。民国后北寺在节日中已无这番盛景,而玄妙观则日益繁盛,游人摩肩接踵。春节中常有来自北方、苏北、安徽等地的各种单身或合伙卖艺者,到这里赶集。卖艺者中,猢狲出把戏是不入流的杂耍,专门以哄节日里小孩兜里的钱为生。新春过年,小孩儿们扯着大人要白相玄妙观,来到这里玩什么?无疑,猢狲出把戏是孩儿们最感兴趣的娱乐。有关玄妙观"猢狲出把戏",作家吴凤珍有段童年的回忆:

玄妙观内一块小空的泥地上,人们像弓一样围成个半圆形,耍猴者背负一只内装猴用戏装和面具的小木箱,手牵小猴、白羊各一头。立场后,一阵小锣"嘡嘡嘡"敲急急,这番声势,转瞬间招引来了不少孩儿和男女大人,只见耍猴者牵着猢狲围场小跑,待人围得差不多时,"猴戏"便开了场。

伴着锣声,耍猴者一声吆喝,只见猢狲灵巧地掀开那只小箱子,从里面取出一顶礼帽往头上一戴,若是箱内还有其他行头的话,猢狲还可穿件衣服、套上双靴子。有句俗话叫"猢狲戴帽子,像煞是个人。"穿戴时髦的猢狲迈着温文尔雅的步子,活脱一副绅士模样。这一招引得大家哈哈大笑。

大家开怀,猢狲却一点也不感觉自己滑稽。煞有介事地一转身,又打开箱子,将礼帽衣服等脱下往里一扔,掏出顶有翅的官帽,穿上件大红官袍,挺胸凸肚,昂头又晃脑,踏起官步端出一副官相。人们继续开怀大笑。猢狲这时拿过耍

百年观前

猴者递给它的一本书,坐在小凳子上搁起了"二郎腿"读起书来了。这显然是一字不识充斯文。没过几秒钟它就扔掉书本取过那面小锣,反过来当作乞讨之器,逐一向观众索起钱来了。看把戏的人们一阵骚动,大人小孩,你给它一两个子,它向你哈腰点头,那帽上的翅便摇摇晃晃的,让你一乐。若是不给钱,它会面目狰狞地向你"吱吱"直叫,甚至用双爪威逼你。这猢狲索钱的精明厉害,完全是耍猴者长期驯导的结果。

得了钱财后,耍猴者便演压台戏了。猢狲此时又换了行头,头戴盔,身披甲,前爪执银枪,跃身上羊背。这山羊也是训练有素,待猢狲一上去,便四蹄生风奔跑不已。随着锣声,山羊飞速快跑,猢狲威风凛凛,如挥戈跃马驰骋疆场的一员武将!

演到这里已算是高潮,在四周一片掌声中,猢狲和耍猴者一起朝观众深鞠一躬,谢幕结束。小孩儿们看到了兴头上还依依不舍,大人拖着孩儿硬是要离开了。否则,再看一轮又要多掏腰包了。

玄妙观的猢狲出把戏到"文革"前尚有延续,不过内容有些变化。如今玄妙观内再也见不到此类杂耍,倒是在苏州一些小街或城乡结合部还能零星见到外地耍猴表演,形式与玄妙观内的大同小异。

卖拳头与江湖功夫

过去,在玄妙观西脚门小有天藕粉店对面有个卖拳头

— 90 —

的场子，说是卖拳头，其实这里是卖伤药和治跌打损伤的地方。按现代的观念来看，这是江湖郎中等在进行自我推销。这空地就像一块巨大的试金石，凡是想到苏州落脚挂牌做伤科郎中的，这玄妙观是必须先来的。上这里亮亮招数，试试身手，是真金还是豆渣，露几手便见分晓。

跑江湖卖拳头的表演大多是手掌劈砖、击石、胳膊上绕粗铁丝，竖蜻蜓双脚顶巨石等等。其中有一些类似如今流行的硬气功。围观者中一部分是老看客。你别小瞧那些老看客，玄妙观内卖拳头的哪路武功高强他们都数落得出来。那时，最有名的是葛云彬和谢明德。有人亲眼看见：谢明德两张膏药贴了块碗碴片，手掌离它三四尺，然后运功，隔不多久，掀开膏药，这块碗碴片已成了齑粉。实际上这只是一次魔术表演。或许他还有其他高招，使许多人相信谢名德确实有非凡之功夫。一时间，谢名德在苏州声名鹊起，可他成名不忘他的师兄葛云彬，说葛云彬的本领远在他之上。

后来，有一个他们下一辈的传人叫胡高武的，也曾到这里练过摊。此人颇具神力，能把两百多斤重的石担顶在头上飞转，还能忽快忽慢像耍玩具一般。这可让文弱的苏州人开了眼界。大家边看边叹，又惊讶又惊异：像这样的人要钱不要命伤着了怎么办？这种人是铁打的筋骨，石头奈他不得。就算万一有什么闪失，他兜里有妙药可治，要不怎么能来这里摆"擂台"。

在玄妙观卖拳头效果一直不错。往昔，这里开创了苏州城内卖拳头推销伤药之先，在以后的数十年里，玄妙观仍可经常看到外地设摊的武功表演。有关玄妙观西脚门卖拳头的场子,也有其他一些老苏州留下了零星的记忆:西脚门内由方丈至三官殿前原乃一片荒地(今人民菜场)。此处有说评话者吕金详,午后来此临时设场,听众自带坐具。说完一回书就向听者索钱,一文二文随愿支付,竟亦有每场必至的老听客。该处亦常有卖拳场子,文武各不干扰。苏州著名伤科名医如杨凤山、戴庆云、葛云彬等均在此处献过拳艺。舞刀弄枪并出售伤膏药,为人治伤医病。如设场数月受人欢迎而不衰者,场地即租为专用。很多名拳师在此起家随后定居苏州,开业伤科诊所,颇有名气。

朱松官卖蛇胆眼药

在过去,玄妙观内的各处空地是那些三教九流、江湖艺人和地方行医者们亮招逞能的地方。其中大多数人当然主要还是为生计而来,使出自家祖传秘方及手上功夫。前面说到西脚门卖拳头的场子是专门为江湖拳师推销伤科伤药的一块招牌。但除靠亮武功卖拳头推销伤药外,还有一些是靠三寸不烂之舌卖药的。

玄妙观三清殿露台石栏西侧有一小块空地。60年代初,常有一位叫朱松官的蛇医在这里卖蛇胆眼药。蛇医朱松官,家住苏州葑门,据说世代以捕蛇制药为业。苏州这地方是江南水乡,青山绿水,莺飞草长。虽然气候温润,百卉丰茂,但就捕蛇来说,这里不像福建武夷山等地那样,群山逶迤绵亘数百里,自然环境适合于各种蛇类生长。苏州地区大多只有像青梢蛇、火赤链、灰斑水蛇等一些无毒蛇繁衍生长,类似像竹叶青、蝮蛇等毒蛇并不多见。朱松官作为江南一蛇医,主要靠捕捉大量的无毒蛇,提取蛇内脏(如蛇胆)来自制各种蛇药,其中蛇胆眼药是他家的祖传良药。

三清殿露台石栏旁,一面"蛇医朱松官"的白色招幌撑着,招幌前,朱松官手拿一支小不丁点的蛇胆眼药,嘴里像说大书一般绘声绘色讲起沙眼病病况及蛇胆眼药克病的良方来:各位先生、各位老兄,倷阿晓得倷自家有沙眼毛病。沙眼格种病说轻倷平常辰光勿觉得,真格严重起来要倷命,眼睛要瞎试格!一开始眼睛觉得痒、像有沙子嵌入、眼泪水增多,说明沙眼来哉,如果倷不治疗,不用药,沙眼会得像瘟疫格样流行、发展。等到沙眼进入二期,眼睛的任何部位开始有瘢痕,弄不好还会经常伴发急性结膜炎和角膜溃疡,格常就相当讨厌哉。沙眼后期还会病变侵及泪囊,使泪囊有慢性炎症。眼睛睁开来,一碰着风就出眼泪,两眼像哭,眼泪"嗒嗒滴",这种叫"风泪眼",难过得不得了。还有,如果倷再不治疗,由于结膜上面形成大量的瘢痕和收缩,会引起眼睫毛内翻倒长。大家想想看,要是眼睫毛倒长,像一根根棕毛直刺眼球,倷阿吃得消。

朱松官用苏白道出的一大套"沙眼理论"倒是深入浅出,活灵活现,讲得四周听众个个五体投地。

这当口,朱松官开始推销起他的蛇胆眼药来。只见他有力地挥舞着手中的小小蛇药盒子说:沙眼这个病再凶,它独怕我手中这支小小的蛇胆眼药。朱松官又开始一个劲地宣传蛇胆清火明目的特殊功能,自己将蛇胆等多种中草药配方精制的眼药对沙眼消炎解毒具有奇特的疗效。说只要坚持用他的蛇胆眼药三个月,就能根治老沙眼。蛇胆眼药在60年代初售价一角一支,可治疗半个月。在场患有沙眼的听众一时纷纷掏钱争购。

朱松官在玄妙观卖蛇胆眼药多年,也多少赚了一些钱,使不少老顾客还依稀记得这个朱松官,叫卖蛇胆眼药,嘴功可算一流。

“小无锡”面摊与“大树边酒酿”

玄妙观内的传统小食品商店和小吃摊之多为当时各业之冠。来玄妙观白相看各式杂技、卖拳头、猢狲出把戏、瞎子算命、玩驯黄雀、斗蟋蟀、耍“扯铃”,听昆曲、评弹、独脚戏等等,玩累看饿了,就想到了吃;即便不累不饿,但来到玄妙观,当闻到各种小吃摊那撩人的葱油香、糖桂香,见到热腾腾、油滋滋,吃起来松脆脆和甜糯糯的小吃,谁不驻足垂涎。“吃在玄妙观”,这句话不比“白相玄妙观”名气逊色。玄妙观中的“吃”一向闻名,品种五花八门。从前在三清殿后面“弥罗宝阁”废址周围,约有3 000平方米的空旷场地,各种小食品摊贩以及各类杂耍,都占有一席之地。例如:小米子糖、灰汤粽、藕粉、酒酿圆子、梅花糕、海棠糕、糖粥、尒鱿鱼、熏鱿鱼、凉粉、千张百页、焐酥豆、五香茶叶蛋、鸡鸭血汤;还有汤炒面、馒头、小笼包子、藕粉圆子、八宝饭、锅贴、馄饨、汤圆等等,应有尽有。苏州人说来这里只要你说得出,便能吃得到(图34)。

1926年左右,有位叫“小无锡”的小吃生意人,平时家

玄妙观众生相

图 34 玄妙观风味小吃

住宫巷面业公所（今苏州墨水厂）隔壁。他上午在自家门前出售小馄饨、光面等点心。午后就来玄妙观东岳殿照墙前摆设面摊，专售中面。在观前地区他首先采用机器切面。当初他出售的肉丝中面，人见人馋。他为面食作浇头所烹制的肉丝与众不同，用大焐罐将肉丝及扁尖等料一起焐至酥烂，下午出摊时将焐罐带出，顾客购肉丝面时，他就在罐内掬起一勺肉丝，原汤原汁鲜味醇厚，肉丝香酥入口即化。很多老吃客每每食之都打嘴不放。有人问之烹制这面浇头有何秘诀，"小无锡"笑而作答：呒啥秘密，若真有绝招倒是要保密了。做这个无非手脚勤快些，料作火候匀到些。

到了 1935 年，他开始在玄妙观西脚门观音殿前租地搭起一所小屋，正式开店，牌号为"聚兴斋"。但老顾客仍称他的店为小无锡。这爿面店其品种也有所增加，这"小无锡"又精心创制出了红烧"葱䐼面"（葱油蹄䐼面）。烧得葱香蹄

— 95 —

百 年 观 前

酥,浓油重味,渐渐成名,肉丝面之声名从此消逝,而被葱
豁面代替。

清代末年,在玄妙观财神殿前的空地上有棵大树,树下
有位叫不出姓名的老汉常在此设摊出售酒酿与豆腐浆之
类。因他的酒酿米粒酥糯,酒味香甜醇厚,来玄妙观的人都
喜爱品尝这个摊上的酒酿。"大树边酒酿"由此出名。过了
数年,这位摆摊老汉因年迈将摊转让给了王源兴店主。王继
续干了一段时间,尔后在大树旁空地上朝东建了四栋房屋,
并正式开店成为苏州远近闻名的豆腐浆专业小食品店。明
亮宽敞的店堂,热情的服务,引来众多吃客。这里虽然仅有
豆腐浆和酒酿两个品种,但逐渐创出成分不同的高低几档。
每碗售价三文、十五文、小洋一角不等。其中,最好的甜豆腐
浆内有杏仁、松子、桂圆肉等。咸浆最好的内有火腿片,上撒
肉松、开洋、油渣等,并用上好麻油冲成。小小一碗豆浆价廉
物美,调制得十分精致悦目,这符合一贯对小食品偏爱并颇
有讲究的苏州人口味。因豆浆店不备汤匙,老吃客都自备牙
签,扦食面上火腿等物。有人爱吃豆浆冲酒酿,也有人爱吃
豆浆冲排骨屑。店内这甜咸不一各具风味的小吃,招引来四
方顾客。有来自乡间的村妇老农,有学子宿儒,有名人贵客,
也有艺人教员,以及来观游乐者。昔年有一要员的公子在苏
州东吴大学附中就学时(1930 年左右),每届周末常偕三五
同学如殷恭盛、程金冠等人来此歇息小吃。他瘦长身材,时
衣阴丹士林长衫一袭,不常开口,同学皆呼他"小司令"。他
爱豆腐浆与五香排骨屑同食,来时必嘱店伙到五芳斋购排
骨若干,分飨同窗。

— 96 —

玄妙观众生相

玄妙观内的杂食小吃,各有千秋,类似像"小无锡"面摊与"大树边酒酿"这样有名的还有不少,顺便再提及一例:1924～1925年间,三官殿前有一位苏北老妇,携全家一子三女划一艘"冒冒船",来此设"转糖"摊。一开始搞些凉粉之类的小生意,也兼搞些冷面等物,赢来一些顾客;随后陆续增添品种八宝甜粥,中有莲芯、米仁、白果等物,甜糯好吃;再后来又增加各色藕粉,中有百果、玫瑰、桂花等。一家子克勤克俭认真营业,渐渐成名,乃搭篷建店,牌号"小有天"藕粉店。

1935年1月,《苏州明报》载《玄妙观里的吃》一文,特地介绍了以下数家的著名食品:文魁斋的梨膏糖,以前确乎与一枝香的瓜子、采芝斋的楂糕,同是苏州著名糖果……所以那位金老板由小小的摊头而买屋置产,成为小康之家……玄妙观的豆腐浆,东脚门的王文元家(注:即王源兴)最为著名,在这冬令真是座上客常满,以前到了电灯放光的时候,豆腐浆早已售完……五芳斋的排骨很出名……露台上的糖粥,御道东的海棠糕,东边的小肉线粉,都是玄妙观里出名的食品,至今仍保持盛况。不过,牛肉圆子因主人已靠了女儿享福,不再经营,已成绝响,而代以油煎鱿鱼了。

80年代玄妙观的小吃摊大多集中在西脚门,供应春卷、鲜肉锅贴、油氽三角包、鲜肉大包、鸡鸭血汤、牛肉汤、汤团、馄饨、酒酿、圆子、赤豆糊等众多品种。北方水饺到处都有,肉丝炒面现炒现吃,豆腐花价廉物美,焐赤豆糖粥随到随吃,方便群众,深受顾客欢迎。

— 97 —

百年观前

三清殿里的"画画张"

玄妙观内的三清殿在二三十年代一直是个传统的年画市场。入门进大殿，靠墙、面东、面西、背北，团团一圈，都设有书画摊，摊上出售五花八门的画张以及对联、立轴等。画张的种类使人应接不暇，有神轴、灶神、门神、百寿图、送子图、凤穿牡丹、鱼跳龙门、岁寒三友、梅开五福、岳飞抗金、关羽夜读春秋之类。春节过年，最受人欢迎的是各种神轴和桃花坞的木刻年画，威武的门神神乎其神，钟馗捉鬼正气凛然，买回去则姜太公在此百无禁忌，安宅宁居。各种书画姹紫嫣红，任人挑选，各取所需。殿内的书画柜均有牌号，有的顾客是冲着名家来的。其中规模较大的是清和轩书画社，殿内唯他一家是商会会员，设有3座柜台，老板柳一尘，擅人物并能绘大幅布幌，所以杂耍班子都有他绘的大幅广告布幌，每幅二百元左右。在殿东南角一小间中，有书家汪度常年为顾客书写春联、挽对等。以后，又从上海批来各种彩印的画张，这些画张，无论纸张、色彩等都超过前者，画上印有各类人物、花卉、山水、儿童嬉耍、历史故事等，销路很广。每当春节过大年，或是春秋香汛，三清殿更是门庭若市，生意兴隆。人们像轧神仙似地来这里边欣赏边挑拣，总想在这三清殿里买几幅象征吉祥美满的画张回去。

三清殿内的"画画张"也吸引过不少如今都已白发苍苍的老画师、老教员。他们至今对儿时逛三清殿看"画画张"还留有十分清晰的记忆。苏州画家尤玉淇老先生一篇忆童年

— 98 —

玄妙观众生相

三清殿里看"画画张"的散记写得很有意思：

我小时候，经常要到三清殿去玩，因为它有一种特殊的魅力吸引着我。在殿内可以看"画画张"。踏进殿内，除了迎面高大的三清菩萨与稍前面神座上的玉皇大帝以外，沿殿整个一圈，都是一家家的书画店铺。这是一个特殊的画廊，他们把裱好的画轴，印刷的年画，像挂帘子一般的一幅幅悬挂着，连里面的好些神像也都被遮住了，每个铺子内的店员，都有几个能写能画的，一面自画自销，一面可以应付需要对书画特殊加工的顾客。所挂的轴子，内容丰富，有《天官赐福图》、《福禄寿三星图》、《关公夜读春秋图》，有《张仙送子图》、《渔翁得鲤图》、《和合二仙图》，山水画有《渔樵耕读图》，还有《猛虎图》、《墨龙图》等等。红底洒银的对联也很多，有"生意兴隆通四海，财源茂盛达三江"的商用对，也有"义存汉室三分鼎，志在春秋一部书"的关公对，以及婚丧喜庆用的对联。但这都是"红货"低档书画，不登大雅之堂的，进价便宜，出售亦廉，主顾对象大都是乡间农民、城市平民。由于经济及文化的制约，能买到这样的书画作为居家装饰或喜庆人情，已经很是满足了。还有一些木刻年画、胶版洋画，过年时候买几幅回去贴在墙上看看，也很受老百姓欢迎。

但是殿里的光线黝黯，有的柜台上方能燃点一盏汽油灯已是很阔绰的了，绝大部分店铺柜台上只能点一盏煤油灯。这些伙计们，既要招呼顾客，又要在那里

百年观前

写字作画,再加上空气混浊,长年累月,真难为他们了。

尤玉淇先生对童年三清殿看"画画张"的忆叙真挚而动人。三清殿的画张除木刻年画、对联、立轴等外,还有一种香烟牌子也十分吸引大人和孩子。那时候,香烟都是十支装的一匣,香烟公司为了推广销路,每匣内都附有一张画片,积聚起来可以完整成套。一般来说,小孩子们都喜欢这种香烟画片,除了向吸烟的长辈们讨取外,还有其他来源,那就是相互交换和购买。那时候,三清殿露台上这种买卖摊子很多。而此时以南洋兄弟烟草公司的"大联珠"香烟内的《封神榜》人物最吸引人,如姜太公、哪吒、南极仙翁等。其中最难收集的一张是《龙吉公主》,原来这家公司故意把它印得很少,你要积聚成套,就不得不买他的香烟。

严格说来,只有小孩手掌般大小的香烟牌子并不算什么画张,只是当时这种玩艺儿一起来三清殿"画张"市场"轧闹猛";再者它们印制得比一般年画等要精致漂亮,所以不少人都爱购买和收藏。

三清殿昔日的画张市场给无数老苏州留下了美好的回忆。

卖"扯铃",驯鸟吃"飞食"

吃喝游乐之地的玄妙观过去也曾是孩儿们的乐园。这里,各种经济实惠、花钱不多的杂玩搞得热闹非凡。杂耍、变戏法、木偶戏、耍猴戏、看西洋镜、套藤圈、唱小热昏、卖拳头、说露天书等等让人一时不知择何是好。1940年《苏州新报》所载《元旦日的玄妙观》一文记录了一些当时的景况：

……锣鼓响处，是一个围着的布篷，篷的上面高挂着一幅巨画，画有猛虎、凤凰、蟒蛇、灵猴，吸引着游人的眼睛，出入口的人，也在高叫着三分钱一看。篷的对面，是看洋画戏，推画者口里高喊着"朗里格朗"，假使花上一分钱，便可以从一个六角式的洞中望进去，可以见到"飞机空战"、"唐僧取经"……一张张不同的洋画。还有变戏法，能够把八九根引针，一根根的吞下肚去，再吞下一根纱线，停片刻把吞下的纱线吐出来，八九根引针，已皆穿在线里了。还有空空的一条布包袱里，能拣出七个鸡蛋来，再有卖梨膏糖的小六毛，也在和木头人做双簧，其他如三清殿里的书画，西脚门口的书摊，这些都是看的地方，身处其中者，都似乎觉得人生两眼不够分配了。

从西脚门一直进去，到玄妙观小菜场，那里围着两圈人头，每圈都站有四五十人，圈的中央，放着一张桌子，坐在桌后的一个烟容满面者，搁起了脚，聚精会神地在讲"七侠五义"，围着四周的近百只耳朵，津津有味地听他鼓其如簧之舌。其他东一堆、西一堆的人头，都在静听着跑江湖的江湖诀。

铁香炉四周，套香烟哪！打高而富哪！玩纸牌哪！这些玩意儿，游客可以各投所好，找寻趣味。

玄妙观内的众多杂玩确实是异彩纷呈，但其中有两样东西特别吸引孩童。一项是玩"扯铃"，另一项是驯黄雀吃"飞食"。

百年观前

　　从前,玄妙观西脚门一带有数家鸟店。这鸟店在春节期间总是特别闹猛。如此闹猛倒不是卖鸟生意兴隆,而是一年一度在这店门口有人大量供应各种"扯铃"(古称空竹)"竹陀螺"。扯铃用竹木材料制成,有双铃、单铃之分,圆圆的,大肚子,葫芦头。其中大肚子称风轮,轮上有孔,孔多则发声宏亮。这种旋转起来迎风鸣叫的玩具是山东一带乡人在农闲时的家庭副业。他们平时陆续制成,于春节前装在独轮车上,晓行夜宿,长途跋涉来到苏州,在玄妙观西脚门口附近出售。这些北方乡人都有一手扯铃绝技:两根小竹杆一根细绳相牵,细绳系在风轮与葫芦头的中间,一手高一手低地扯扬着绳上的扯铃,由慢到快飞速旋转,扯铃便会发出"铮铮、汪汪"的鸣琴之声,十分悦耳和谐。扯铃玩熟了的人还可将扯动的"空竹"甩向空中,然后再用扯绳将坠落下来的"空竹"接住继续旋转、鸣奏。售者炫耀的这番技艺常使成群的孩儿们看得目瞪口呆,心向往之而欲购之。节日中,这种扯铃生意十分火爆。有时扯铃由于到货数量太多,节后如未售罄,乡人为急于返乡春耕,于是就贬值售给鸟店,鸟店老板贪其价廉,收购后放在店内慢慢出售,可有可无,并不作为一项经营业务。以后鸟店老板与乡人相互熟悉,鸟店认为有利可图,山东乡人也感到在外地久留,费用较大,故最后决定不再零星出售,一到苏州就将全部货物批给鸟店,再赶回家乡过年。鸟店批量收购后稍加整理,贴上自己店号,分门别类高挂在店前待售,从而逐渐成为每年经营的应时商品。

　　玄妙观另一行杂玩是专售"驯鸟"。出售者大多集中在西脚门偏北一带。有近郊乡人,亦有北方农民,他们带来的

— 102 —

鸟类有黄雀、麻腊、包头数种。出售时那些已受过初级训练的鸟一个个立于鸟叉上，神态自若。这驯鸟的钢叉都用红、绿头绳包绕，叉顶圈成环形、葫芦形、三角形鸟颈围，以丝线编成的猢狲圈上还有彩色小流苏一簇。绳的一端系住猢狲圈，一端系于钢叉。驯鸟献艺时解开系绳，让鸟戏飞于猢狲圈上下。鸟类中，黄雀价格最廉，也易驯教。

驯雀人的技艺叫"脱脚"、"吃飞食"。初驯时他先将食指往嘴里略抹些口水，粘以鸟食"苏子"一撮，引鸟飞翔啄食。然后逐渐拉长距离，再解开鸟脚的绳索任其自由飞翔。奇怪，这黄雀贪食，只要有鸟食，就是放任它自由也不会远走高飞。技高的驯雀人将黄雀掷至玄妙观三清殿屋脊上，主人将拇指一引，黄雀即俯冲飞下啄食，食毕再飞回屋脊。围观者顿时纷纷报以喝彩。不过，黄雀这东西毕竟属于鸟类，这种"飞食"游戏此时仅能来回数次，否则黄雀待食饱后就有可能飞走。故驯雀人很能掌握分寸，几次玩罢即将黄雀逮住，系回叉上。

实际上，另一种叫包头的鸟比黄雀吃"飞食"表演更精彩。驯包头鸟的技巧曰"衔飞子"。玩者将小钢丸一粒掷向天空，包头鸟随之腾空而起将钢丸衔住飞回。包头鸟耐翔又能冲高，鸟嘴较阔，故能玩"连环飞子"。玩者先将一丸掷去，包头鸟振翅飞衔；紧接着第二丸又发出，包头鸟衔着第一丸又直冲云霄继续抢衔第二丸。技艺熟练的玩鸟者无一失误，令人惊叹不已。玄妙观内的"扯铃"和驯鸟吃"飞食"游戏直到70年代初期尚偶见，以后就逐渐消失了。

民间信仰活动在观内

玄妙观自昔至今不仅是一处游乐之地，而且是道教的寺观，观内每年都盛行各种形式的宗教活动。如有的为神祇的诞辰作祈祷，有的民间信徒举行打醮、做道场，以祈福消灾，保佑平安。

玄妙观的祀神活动是苏州城内外的众多信徒门一件神圣的盛事。观内供奉的祖师诞辰有正月初九的玉皇大帝诞辰，二月十五的老君诞辰。逢到这两天，都要举行一次盛大的祀典。法律道众要斋戒沐浴，诵经拜忏。法师披法衣，持朝笏，口诵"赞"、"偈"，两旁有音乐伴奏。此时，四方信徒游客，会接踵而来烧香礼拜或参观游览，场面宏大，气氛热烈。除此两大诞辰之外，还有其他神仙诞辰。每逢神仙诞辰，主持道观就会发出大红请帖，备素斋，邀请善男信女参加祈祷。

还有一项叫斋醮，这是道教向"神"祈晴、求雨、禳灾、降福、保安，以及超度亡人等所进行的一种宗教仪式。"斋"是斋戒沐浴，"醮"是祭告鬼神的意思。城市居民打醮，大都在财神殿（即天医药王殿）和雷尊殿。农民打醮则由"香头"一人集合二三十人联合打醮，名曰"公醮"，时间是在春、秋两季，地点大都在文昌殿和蓑衣真人殿。打醮的内容依照信徒的要求和所付费用而定，一般是两或三天，参加的法师一般为三人或五人，道众（称"散众"）四人或六人，音乐吹打数人，多至十余人。打醮的名称有太平醮、保安醮、让荧醮、寿

— 104 —

醮、求晴雨醮等。打醮时，法师、道众们穿戴绣花法衣、道巾、云履。位于中央主醮的法师，由年高资深的担任，名为"高功"。上首法师称"都讲"，主持坛内经卷，下首法师称"监斋"，主持坛内一切仪式。

打醮仪式的流传由来已久，历代王朝都举行什么"黄箓大醮"等等，以求长生不老或死后超度。影响所及，民间莫不效之。斋醮的范围也愈来愈扩大，不仅限于"祈晴求雨"、"祛邪治病"、祝寿或超度，即使无病无灾，也可修一坛平安醮。不但玄妙观有打醮，其他道观也有打醮，甚至少数居民家里也举行打醮，道士更喜以此为业，成为三百六十行以外的又一行。

玄妙观内的三清殿和东岳殿，分别供有三清神像和东岳大帝神像，一边是仙神主尊，一边是百鬼之首。这里从清末至民国，两殿常年香火缭绕，香客信徒络绎不绝。道众有玄妙观香火依靠"金面"与"白面"的说法。"金面"指的是三清殿装金开相的三尊神像，"白面"当然是指那面不涂色的"百鬼之首"东岳大帝。民间来玄妙观烧香拜神的很多，大致可分两类，即"白香"与"红香"。"白香"是指逢到丧事，从死者死的那天算起，逢七要烧一次香，共烧七次，名为"烧七香"，是为亡人忏悔生前罪过及祈求死后平安。在这七次烧香中，去东岳殿要占三至四次。"红香"是逢生日烧"寿字香"，新婚夫妇烧"满月香"，病愈烧"还愿香"，向神求助烧"许愿香"。每当春、秋两季香汛，四乡八镇以及外地的善男信女，都会相互集合，身背黄布包，先到杭州、南通狼山、苏州灵岩山等地去烧香，然后再来三清殿烧香，这叫做"回头

— 105 —

百年观前

香"。还有一种名为烧"星宿香"(北方称为"祭星",是道教中的一项重要祀典),是祭祀各人自己的本命神。尤其是在旧历正月初一至月半期间,烧香者要多于平时,大年除夕就更多。许多人不约而同地涌到三清殿内,在六十个星宿神像中,找到同自己年龄相同的"本命神",点烛跪拜祈祷。早来的人可以从容膜拜,后至者竟无隙地,只能在殿前露台等候,一座三清殿人群熙攘,烛火通明,如此这般要闹腾一夜方才罢休。在善男信女看来,在新年的头一天烧香最吉利,俗称"烧头香"(图 35)。

图 35　30 年代观内民间信仰活动

　　除上述祀神、打醮、烧香外,信徒们还要进行一种企求预示祸福凶吉的活动——求签。求签方式是先拈香跪拜,然后捧起神桌上的签筒,摇晃几下,等到签筒内某一竹签掉出,由值勤的道士按照签号,取来一张黄纸印的签票,上面印有诗句,其用语多隐晦难辨,在似可解与不可解之间,道

— 106 —

玄妙观众生相

士不作出任何解释,由求签者本人去领会诗句的含意。

　　玄妙观内有一系列带有迷信色彩的活动往昔十分盛行。解放后,社会风气发生了深刻变化,民间迷信活动大为减少,而正当的宗教活动则照常进行。如今已修复的三清殿内仍香火缭绕,吸引了众多游客前来观光。

观前老字号

　　观前街是苏州古城名街,是商业繁华之地。人们逛观前主要就是逛商店。作为苏州名街的观前街,和其他老城市的名街一样,经一代代积累,老字号名店逐渐汇聚成市,以各自"一招鲜"的特色产品,擦亮了门前那块金字招牌。

　　观前名店、名特产品众多,但若追溯历史,最早从明清所记开始搜寻,除有"谢家糖在洙泗巷口明末杨云山始创"一则外,尚鲜有其他记载。可见观前的老字号名店和著名土产乃为晚清时逐渐形成,到了民国期间声誉日隆。观前街规模较大的老字号,有考据的大都创建于嘉庆、道光年间,有以设摊起家的,也有自小肆立业的。但随沧桑变迁,一部分已成为陈迹,只能让人缅怀一番而已;能够存世至今的,都随时代不断发展而更新,其规模、面貌均已今非昔比了。

　　徜徉观前街,购物者每每踏进这些老字号的店门都是冲着门前这块金字招牌来的。

这是这些老店岁月中的一面镜子。观前众多老字号能够立脚、传代，能够历经岁月风雨而不衰，它们的成长历程，可说是观前商业久盛不衰的一部发展史。

酱肉陆稿荐

从观东的醋坊桥走入观前，首先看到的第一家门面就是苏州百年老店"陆稿荐"肉铺（图36）。以"酱汁肉"名扬姑苏的陆稿荐在苏州老字号中也可称老了。康熙二年（1663年），陆稿荐初创，当时是一家普通的肉铺。店主陆某将店设在苏州东中市崇真宫桥塝，专营生、熟肉。关于如何会取名"陆稿荐"，其中还有一段颇为神奇的传说。相传某年四月十四日"轧神仙"前夕，有个衣衫褴褛、背一条破草荐、手捧两只叠在一起的旧陶钵的乞丐，走进肉店求宿。陆老板见其可怜，遂发善心允他在灶门空地上蜷宿一宵。那乞丐把草荐铺在地上，两只陶钵合叠当枕，呼呼入睡。次日凌晨那乞丐不辞而别。等到烧火伙计烧肉时发现灶前有条破草荐，于是随手撕碎往灶堂一塞付之一炬。不料一阵异香散发开来，店里人都惊呼"香得来、香得来"。陆老板知后觉得奇怪，暗忖昨日那乞丐莫非是仙人化身，那两只陶钵合叠恰是个吕字（叠口为吕）。悟到此，陆老板连忙把未曾烧掉的破草荐留下来，每天抽出一根放在灶内，烧出来的肉异香扑鼻，附近中市街、下塘一带都闻到阵阵肉香。一传十、十传百，顿时生意兴隆。陆老板灵机一动，干脆将肉店的牌号改名为"陆稿荐"，还将吕纯阳化身乞丐借宿留草荐的事大肆渲染。从此，这家

百年观前

陆稿荐肉店长盛不衰。

图 36　陆稿荐熟肉店

陆稿荐自康熙年间创业以来，久负盛名，至咸丰十年（1860 年），因遭战乱兵火，损失殆尽。后于同治五年（1866年），在崇真宫桥原址又重振家业，经营一直不错。传至光绪年间，后裔陆炜、陆念椿等不善经营，连年亏蚀。以致实在维持不了生计，光绪二十七年（1901 年）九月，陆姓后代陆炜、陆念椿等，将陆稿荐牌号租押给吴县西津桥人倪松坡。押金洋 150 元，月租金3 800文。同时，陆炜等还将他们经营的阊门外吊桥堍杜家老三珍斋肉店（生财牌号）以洋 640 元卖给倪松坡。倪租得陆稿荐牌号后，将开设在观东醋坊桥堍的肉店定名为陆稿荐。

陆稿荐的名产，全由倪松坡精心经营。其肉食品的原料都经过精挑细选，购进的猪以湖猪、常州洛猪为主，这两处

— 110 —

的猪肉皮细而薄,肥瘦均匀,是适合于烧制熟肉的好原料。鸭子都是在全市鸭行中选购4至5斤重的娄门大麻鸭,此鸭烧制酱鸭肥嫩而味美。除上述优质猪肉与酱鸭外,陆稿荐还特请烧肉名师张寿根专门研制酱鸭、酱肉、酱汁肉、猪头肉等的配料方法。经过张师傅的悉心研究、不断改进,技艺精益求精,烧出的酱肉具有皮薄而呈麦黄色、膘白、精肉红的特色,食之满口香酥,确是名副其实的"五香酱肉"。酱鸭的外皮用红曲、冰糖特制的卤汁抹上,使酱鸭皮红带甜,肥嫩可口,色、香、味俱佳,称之为"秘制酱鸭"。还有苏州一年一度的传统时令产品"酱汁肉",也是陆稿荐的名产。酱汁肉加工时用肥瘦均匀的条肉,切成小方块,加红曲、砂糖、香料等复制而成,其色红似樱桃,其味甜而不腻,入口即化。其他如砂仁腿胴、酒焖汁肉、百叶包肉等也都是深受大众喜爱的食品。据成稿于1934年的《醇华馆饮食脞志》载:"苏州从前有陆蹄、赵鸭、方羊肉之称。陆蹄谓陆稿荐之酱蹄。熟肉店以陆稿荐、三珍斋两家最为驰名。其出品以酱鸭、莲蓬蹄为上,酱蹄筋、酱肉次之。熟肉之最佳者,莫如观东之老陆稿荐。"

　　随着岁月的流逝,店主倪松坡年老体弱,无力继续经营所有企业,于是,将观前街陆稿荐分给二子倪柜香经营。倪柜香接管后,生意仍然颇好。民国年间,自观前街拓宽后,近火车站的梅村桥建成,平门开放,交通便利,各地来苏的客商游人可直达观前,使观前游人骤增。陆稿荐的熟肉生意更为兴旺,声誉亦日益扩大。因此在同业中相互竞争更为激烈。观前街陆稿荐为防他店冒牌,特地用以麦穗为底座加添

— 111 —

百年观前

"大房"两字并注明"只此一家，并无分出"的标记，向民国政府登记为注册商标。

陆稿荐店主因店中营业久盛不衰，渐渐放松了管理。平时只顾自己烧香拜佛，加上夫妇俩又吸上了鸦片，恣意滥用店内经费，店中业务一度衰落。后由其子倪肇鸿接手，他熟悉店务，锐意进取，接手不久，经营即重呈起色。1935年倪肇鸿病逝。陆稿荐由倪柜香的外甥陈士贤主持。

在日伪统治时期，一则苏州沦陷时店内有职工留守，生财损失较小，复业较早；再则汪伪的江苏省会设在苏州，苏州经济一度畸形发展。陆稿荐的业务得以维持。

新中国成立后，随着社会主义改造的深入，大房陆稿荐于1956年公私合营；1958年"大跃进"时期，其后方工场改为平江区食品厂；"文革"时期，改为苏州熟肉店。党的十一届三中全会后，经上级批准，恢复大房陆稿荐原名。1981年经江苏省商业厅批准，陆稿荐在观东醋坊桥堍原址扩建了1 833平方米面积的三层生产、营业大楼。1985年春节，门楣上闪耀着"陆稿荐康熙二年创建"招牌的大楼建成。陆稿荐开始继续以新的姿态供应各种久负盛名的传统苏式卤菜，满足大众的需要。

腌腊生春阳

在观前街洙泗巷口，有一家生春阳火腿店。这家专营腌腊火腿的商店始创于清同治中叶，原名巨成祥腿栈。店主姓祝，绍兴人。清光绪十五年（1889年），祝店主因年老多病，

— 112 —

将店务交给最小的女婿许瑞卿经营。许接管巨成祥后，勤奋创业，全力经营。由于当时店内资金短缺，无力直接去产地进货，难以创出自己的名牌特色。后来，许瑞卿向苍米巷隆兴寺主持僧借得大洋300元，作为自己在巨成祥的投资。巨成祥增资后，购销活了，营业日渐兴隆。不久许瑞卿将巨成祥正式改名为生春阳。若干年后，祝店主的后裔急需用款，几经协商，最后将生春阳腿栈并给许瑞卿独资经营。

生春阳腿栈，是经营火腿的专业店。向来以批发兼营正宗浙江东阳、义乌火腿（南腿）而著称。生春阳的火腿讲究腌工、形状。上柜出售前，每只都经过洗刷，去除油污杂质，修去肉面和肥膘上的"哈头"，并且分档出售。这些火腿，均由许瑞卿亲临产地择优定制。并烙上店章，以示信用。火腿的一般标准为：肥瘦适宜，蹄白胫长，皮薄肉细，色泽悦目。生春阳火腿，不仅深受本地顾客喜爱，还远销香港和内地。该店除经营火腿外，在冬季还出售家乡肉，夏季出售风肉。家乡肉是火腿的初级制品，本身就是初腌的腿肉。风肉的原料是制作火腿同一头猪身上的方肉（硬膘）。家乡肉和风肉，均具有火腿风味，但价格大大低于火腿，两者在不同季节上市，颇受大众欢迎。

20年代至40年代初，是生春阳腿栈的全盛时期。生意兴旺，业务红火。他们盘进对门一位王姓开设的大东阳腿栈，买下大东阳后面2进市房，再买大儒巷口房屋作仓库之用。

在日寇侵华，苏州沦陷时期，生春阳腿栈遭受很大创伤。仓库存货多次被洗劫，盘进的大东阳腿栈被迫关闭。生

百年观前

春阳由许瑞卿次子许顺之勉强维持着。抗战胜利后,因国民
党政府苛捐杂税繁重,物价飞涨,经营艰难。店中火腿进销
现吃现吐,入不敷出,企业沦于风雨飘摇的境地。解放后,生
春阳获得了新生。公私合营后成为国营苏州食品公司下属
的生春阳腌腊商店。商店内部加强了管理,健全了责任制,
增加了经营品种,除老牌的火腿、腊肉外,香肠、香肚、咸肉、
松花皮蛋、高邮双黄咸鸭蛋等均有经营,且风味依然纯正。
如今,观前街经改造后,生春阳腌腊商店将焕然一新。

糕饼稻香村

　　开设在观前街东段的苏州稻香村茶食糖果店,是苏式
糕点行业中的一家正宗老号(图37)。据早在光绪十三年
(1887年)就进店当学徒,后来两次担任稻香村经理的汤长
有说,稻香村创始于乾隆年间。1926年8月31日《苏州明
报》刊载稻香村新屋落成广告称:本号开设苏城玄妙观前
洙泗巷东首,百有余年,因扩充营业,仍在原址翻造高大洋
式门面。值此新屋落成之际,特加"禾"字商标。但据1914年
《江苏省实业行政报告书》载,稻香村创设年代为同治三年
(1864年)。而成稿于1931年的《醇华馆饮食脞志》则说:
"稻香村店主姓沈,洪杨之役避难乡居,曾设茶食于阳澄湖
畔之某村,生意尚称不恶。乱后归城,积资已富,因拟扩张营
业,设肆于观前街。"以上记载各执一说,难于详考。

　　有关稻香村的店招,也有不同说法。据店中过去的传
说,店主王秋根,祖辈喜看《红楼梦》,后来从《红楼梦》中受

— 114 —

到启示,又联想到茶食糕点的原料都是稻麦,所以决定取名为"稻香村"。但在《醇华馆饮食脞志》中却说:"店主沈姓……设肆于观前街,奈招牌乏人题名,乃就商于其挚友,友系太湖滨莳萝卜之某农,略识之无,喜观小说,见《红楼梦》大观园有稻香村等匾额,即选此三字,为沈店题名。"

图 37　稻香村茶食糖果店

稻香村店招的由来以及店的始创年号不必深究。稻香村是家百年老店已众所周知。它在长期的生产实践中,形成了自己的经营特色,商品门类齐全,品种繁多,有自制的苏式茶食、糖果、野味、炒货、青盐蜜饯和兼营的西式糖果、饼干、罐头食品、乳品、饮料等;还根据不同季节,供应时令商品,如春季供应大方糕、松子黄千糕、酒酿饼,夏季供应冰雪酥、荤素绿豆糕、夏酥糖,秋季供应各种月饼,冬季供应鲜肉饺、芙蓉酥、马蹄糕、糖年糕、芝麻酥糖等。

《醇华馆饮食脞志》对稻香村的名牌特色产品有详细记载:"稻香村茶食以月饼为最佳……其佳处在重糖油多,入

— 115 —

口松酥易化。有玫瑰、豆沙、甘菜、椒盐等名目。其价每个饼铜元十枚。每盒四饼，谓之大荤月饼；若小荤月饼，其价减半，名色与大荤同等。惟其中有一种号清水玫瑰者，以洁白之糖、嫣红之花，和以荤油而成。较诸大荤，尤为可口。尚有圆大而扁之月饼，名之为月宫饼，简称之曰宫饼，内馅枣泥和以荤油，每个饼铜元二十枚，每盒两个。此为甜月饼之最佳者。至于咸月饼，往昔仅有南腿、葱油两种。近年又新添鲜肉月饼。此三种皆宜于出炉时即食之，则皮酥而味腴，洵别饶风味者也。"

"定胜糕与酒酿饼，为春间流行之食物。然定胜糕亦以稻香村为软硬得宜。"

"熏鱼、野鸭，亦以稻香村为最佳……此三家（按：指稻香村、叶受和、东禄）非得青鱼不熏，所谓宁缺勿滥。"

"复有三四月间上市之玫瑰猪油大方糕者，系白糖与猪油，加入鲜艳玫瑰花，香而且甜。但蒸熟出釜时，在上午六点钟左右，晨兴较早之人得食之，稍迟则被小贩等攫买已尽，徒使人垂涎三尺焉。"

这些传统名点，如今的稻香村食品商店仍在继续生产，如清水玫瑰月饼、芝麻酥糖、松子枣泥麻饼、荤酒酿饼、透味熏鱼、虾子鲞鱼等。香港《文汇报》曾以《四季茶食风味清雅，稻香村糕点如稻香》为题，介绍了稻香村的悠久历史和130多个传统品种、60多个时令商品；认为稻香村生产的糕点，除了具有一般苏式糕点的特色外，还有自己独具的特点，就是应时新鲜，味形并重。这就是稻香村能百年立足至今而不衰的根本。

茶食叶受和

苏州叶受和食品商店,原名叶受和茶食糖果号,开设在观前街东段(图38)。据苏州市档案馆资料载:该店创始于清光绪十二年(1886年),资金为五千两纹银,创始人叶鸿年,字蕉生,浙江慈溪人。另聘请一位教书出身的同乡叶老先生任该店经理。

《醇华馆饮食脞志》有一段关于叶受和的记载:"叶受和店主,本非商人,系浙籍富绅。一日,游玩至苏,在观前街玉楼春茶室品茗,因往间(隔)壁稻香村购糕饼数十文充饥。时苏店恶习,凡数主顾同时莅门,仅招待购货之多者,其零星小主顾,往往置之不理焉。叶某等候已久,物品尚未到手,未免怒于色而忿于言。店伙计谓叶曰:君如要紧,除非自己开店,方可称心。叶乃悻悻而出。时稻香村歇伙某,适在旁闻言,尾随叶某,谓之曰:君如有意开店,亦属非难,余愿助君一臂之力。叶某大喜,遂委该伙经理一切,而店业乃成。初年亏本颇巨,幸叶某家产甚丰,且系斗气性质,故屡经添本,不少迟疑,十余年来,渐有起色,今已与稻香村齐名矣!"

这段叶受和开店原因的详细记载,多少也反映出当初观前街食品业的竞争之烈。

说到开店要有个招牌。叶鸿年想:我本是受了别人的气才开这家店的,店开出来后,我一定要让顾客受到和气。故取名为"叶受和"。1925年4月25日的《苏州明报》有篇文章说:"从来同行开新店,习惯最喜欢仿用名牌店的牌号

— 117 —

百年观前

……这个姓叶的不题什么香字、村字，别开生面用'受和'两字，加上一个姓，就见他有独立志气，所以后来竟然成功。"

叶受和生产的糕点、炒货、野味、糖果，创业初期均属苏式。但在光绪二十一年（1895年）后，叶受和的第二任和第三任经理洪品基、陈葆初均为宁波人，他们把宁波糕点的特色融合进苏式糕点，使叶受和糕点成为苏式中夹有宁式，总体上仍以苏式为主。叶受和的名牌产品有：小方糕、云片糕、四色片糕（玫瑰、杏仁、松花、苔菜）、婴儿代乳

图 38　叶受和食品商店

糕等。30 年代还有豆酥糖、芙蓉酥等。公私合营后，职工赵登太吸取了外地的制作方法，创造了"开口笑"新产品。1958年"大跃进"时期，叶受和前店后坊的传统经营特色被取消，后坊生产部门并入平江糕点厂。"文革"期间，叶受和遭冲击，招牌被砸烂，改称"东方红茶食糖果店"，店后的作坊也被撤销，并入苏州糕点厂，实行大批量生产。

1978 年党的十一届三中全会后，叶受和又恢复后坊生产，店内过去各种富有传统特色的糕点茶食又上市销售；

— 118 —

1986年，经上级批准，正式恢复叶受和的老招牌，并根据市场需求，扩大了后坊生产的范围，把后坊改称为叶受和糕点厂。如今时逢观前街改造，叶受和经改建后将以崭新的面貌迎接苏州以及海内外的游客。

糖果采芝斋

采芝斋糖果，苏州人老少咸知。开设在观前街东段的采芝斋糖果店是家有百余年历史的老字号。清同治九年（1870年），采芝斋创始人金荫芝（河南人），以五百个铜板的微薄资本，购置了熬糖炉子、小铜锅、青石台、剪刀等简陋工具和少量的糖果原辅料，在观前街73号原吴世兴茶叶店门口设摊。开始，只卖粽子糖，摊上搁一块"家住玄都东洙泗巷口小糖摊"的牌子，当众熬糖、剪糖。因剪出的糖块形似粽子，故名粽子糖。传说这种制糖技术源于《吴门表隐》所载明末的谢云山，故又称"谢家糖"。

金荫芝经十多年经营，积聚了一些资本，光绪十年（1884年），在其子金忆萱辅助下，于观前街72号（现生春阳一部分）自立店面，自产自销糖果、炒货、蜜饯，延续至今。观前街72号原是采芝斋古董店，原店主夫妇平时与金荫芝常有来往，十分友善。夫妇俩后因年老无嗣，准备回宁波故乡安度晚年，于是将那一开间的古董店租赁权转让给了金荫芝。金氏移入后营业如鱼得水，除自产自销苏式糖果和炒货外，又增加了苏式蜜饯，营业日盛一日。但这时商店仍无正式牌号，来观前街的顾客原来只知此处是"采芝斋"古董店,故仍顺口相互传呼:到采芝斋买糖去。金荫芝即顺水推舟,把店招正式定为"采芝斋"。此后不久,隔壁王舜卿齿科搬迁,金荫芝又将店面扩大为二开间的中型商店,并把店务交给长子金忆萱主管。

传说在清光绪年间,采芝斋正走向兴旺之时,慈禧太后有病,经宫内太医久治无效,苏州织造局选派苏州名医曹沧洲进京为太后诊脉。曹除开列处方外,并将随身携带的采芝斋贝母糖贡奉慈禧助药,食后病情好转,贝母糖就从此被列为贡品,苏式糖果因此身价百倍。金荫芝自制一块四周雕有龙形黑底金字"贡糖"的牌子,挂在店门口,从此名声大噪。苏州城里到处流传着"采芝斋的秘制贡糖,治愈太后毛病"的神奇说法。

采芝斋贡糖能治太后病的说法名闻遐迩后,金荫芝趁势在宣传商标上大做文章。他专门请画家绘制"采芝图"作为商标。图案以一老翁手持拐杖,上山采药,提篮中装着灵芝仙草,另一老翁肩挂葫芦,暗示内装灵丹妙药,意味着采芝斋的糖果、蜜饯有药疗作用,常食可保健康长寿。从此,采芝斋是"半爿药材店"的说法又流传于吴地。

富有民族和地方特色的苏式糖果,也在以采芝斋为代表的苏州糖果行业中开始形成。光绪三十三年(1907年),苏州糖食(果)公所创建时,金荫芝被推选为职监。

采芝斋资力日益雄厚,家业宏大。金荫芝恐今后子孙辈为采芝斋的产权发生争执,故生前立有遗嘱,明确长孙金宜安为采芝斋经理和"采芝斋"招牌的所有权者。金荫芝第三代各立门户后,他们在观前街先后开设了悦采芳分店、广芝斋和采芝春,在上海开设了悦采芳和采芝斋糖果店,在常熟开设了采芝斋。兄弟之间为立业发家,在营业上的竞争和对"采芝斋"金字招牌的争夺日趋激烈。1936年金宜安曾任吴县茶食糖果同业公会主席。后因兄弟之间引起诉讼,耗资可观,加上住房遭受火灾和上海悦采芳分店被妻弟卷走巨款,精神上遭受很大创伤,终日闷闷不乐,后于1942年去世。

20年代采芝斋糖果炒货已闻名全国,到苏州旅游者和苏州人作客他乡都要带一些馈赠亲友。在苏州的外国传教士和教会学校、医院的外国人也作为稀罕之物买一些回国。30年代天津口岸的商人来苏采购采芝斋糖果瓜子运销国外。40年代香港同顺兴和三阳商号从上海采芝斋进货,持续经销多年。50年代上海、苏州外贸部门有计划地组织出口采芝斋糖果。

采芝斋自清代同治九年(1870年)设摊起,至解放前的四代相传,在实践中创造了不少具有民族和苏州地方特色的名牌产品。如糖果类有松粽糖、玫酱糖、脆松糖、脆桃球、软松糖、薄皮糖、轻松糖、重松糖、轻桃糖、杏仁糖、蛋黄花生、清水山楂糕、玫瑰酱等,炒货类有香草西瓜子、玫瑰西瓜子、椒盐榧子、椒盐胡桃等,清水蜜饯类有白糖杨梅干、九制梅皮、玫瑰半梅、九制陈皮等共一百十多个品种。

其中,金黄松脆的脆松糖、洁白清香的轻松糖、甜肥软糯的软松糖,是苏式糖果的代表,内含松子仁有益肺补气功效。香甜松脆的脆桃球,内含去衣核桃仁有润肺止咳作用。鲜红透明的清水山楂糕,有降低血压作用。花香芬芳的玫瑰

— 121 —

百年观前

酱有散瘀止痛作用。甜咸适口的椒盐胡桃,有补气养血作用。味美可口的白糖杨梅干、九制梅皮、九制陈皮等,有健胃消食作用。其他著名产品如炒货品种粒粒凤眼,壳薄仁厚的玫瑰,奶油西瓜子,都以"净、小、香"著称,有生津润肠作用。

采芝斋的经营特点是前店后坊,其好处是适应性强,食用安全,产品新鲜,顾客常能买到出炉不久的糖果、瓜子。采芝斋从选料到制作,有一套严格的制度。原料选购于著名产地的上等果辅料,统货进行筛选拣剔,分清档次,符合用料要求,保持色、香,不使变质;投料生产工艺精细,如明货糖果采用提浆法,砂货糖果采用人工发砂法等,从而保证产品质优味美。

解放后,早在1953年,采芝斋店内就建立了党支部,在企业内部加强了经营管理,推动店主接受社会主义改造,服务对象由原来少数人转为面向大众。1954年,周恩来总理出席日内瓦会议,以采芝斋的脆松糖、轻松糖、软松糖招待国际友人,苏式糖果享誉世界。1958年,采芝斋糖果出口200箱;1959年,出口50箱。1963年,香港为拍摄《两姐妹》电影,曾来采芝斋拍摄过镜头。1978年,墨西哥总统来我国访问,在苏州吃了采芝斋的软松糖,赞不绝口。"文革"期间,采芝斋的"金字招牌"曾被砸掉,店名改为"红旗商店",前店后坊的传统特色也被取消。几经周折,直到党的十一届三中全会后,1979年重新恢复店名和前店后坊。1984年,采芝斋扩建了1 020平方米面积的营业大楼。1986年,后坊也建成1 229平方米的楼房。百年老店得到了新的发展(图39)。

近年来,采芝斋又将苏式糖果采用新式糖果流水线自

— 122 —

动包装,并袋装成"采芝斋松子喜糖",印有"同治始创,百年
老店"和采芝图,还印贺诗一首:"松子万年代代传,芝麻开
花节节高,花生落地常生果,核桃和合百年好。"既简介了
采芝斋传统苏式糖果,又致意吉祥好合,因此深受大众喜
爱。

图 39 采芝斋糖果店

在 1996 年上海商品交易会上,苏州采芝斋参展的传统
产品粽子糖、松子糖、芝麻薄脆、玫瑰瓜子、脆梅和苏州食品
厂的卤汁豆腐干非常抢手,一些上海顾客品尝之后连声赞
道:"是正宗的苏州采芝斋产品,味道不错。"

糕团黄天源

苏州玄妙观隔壁的黄天源,是家响当当的糕团老字号
了。过去,苏州人大都爱吃甜糯之食,糕团食品自古也是苏
州人时令饮食的一种习俗。

说到老字号苏州黄天源糕团店,据解放初期苏南区工

商联调查和《吴县糕团业会员名册》记载,它创设于道光元年(1821年)。初由浙江慈溪人黄启庭在东中市都亭桥堍设一粽子摊。粽子质量好,生意不恶。经几年经营,即在都亭桥赁一小屋,开设黄天源糕团铺。供应品种渐次增加五色汤团、挂粉汤团、咸味粢饭糕、咸味猪油糕、黄松糕、灰汤粽、糖油山芋等。黄启庭父子相继去世后,黄天源糕团铺由寡媳黄陈氏主持。因不善经营,生意每况愈下,至1874年,将店盘与店中牵烧师傅顾桂林,盘价为银洋一千元。另外,黄天源的招牌每年租金为十二石大米。从此,黄天源实为顾姓店铺。

顾桂林接盘黄天源后,发挥自己糕团制作技能,兢兢业业经营,商店生意蒸蒸日上。1931年顾桂林将店交给儿子顾紫封经营。顾紫封踏实能干,除经营都亭桥堍西黄天源糕团铺外,又在观前街241号租屋开设东黄天源。1947年顾紫封病故,终年73岁。因独生子已早亡,黄天源由其领养孙子顾念椿接管。顾念椿原在钱庄学业,接管糕团业务后,于1948年向槐树巷徐某购进观前街241号一楼一底的店面房屋。因观前街市井繁华,当时一楼一底虽只能放六张半桌子,所供应的品种开始也只有五色汤团、灰汤粽、糖油山芋、猪油糕、黄松糕等几种,却常常吃客满座。应时的季节性糕团开始主要有青团子、南瓜团子、重阳糕、神仙糕,每逢岁末大量供应糖年糕。糖年糕花色繁多,最大的几斤一方,最小的一斤十余块,自大至小可垒成宝塔。还有糖元宝,巨者如拳,微者若拇指,任客选择。人们购糕时必购元宝若干。富有者则择大小数种,带回家装入盘内,铺上红色剪纸(类似

观前老字号

窗花），插上柏子，再配福桔青果，于除夕安放在床前台上。盘前又供上红烛息香（并不点燃），名曰"守岁"，预祝明年平安福祉。

当时，黄天源还有一种"糖油龙头山芋"颇有名望。它进料严格，山芋一定要购自宜兴。如该处一时缺货宁愿停止供应（据说宜兴山芋质地细腻易酥，别处山芋无法相比）。白糖选用上品，烧煮过程力求粗货细做，极为认真。加工时先将山芋洗净，用大盆堂文火焐烧，半酥时加入白糖收膏，要求糖味透心，才能起锅；再浇上熬成的糖油，随后上柜供应。糖油龙头山芋油光透亮，剖开时可看到满心通红香味浓郁，入口酥糯味若山栗，又甜又香，特别受苏州人喜爱，东南亚一带华侨也甚爱吃。

顾念椿经营黄天源随时代变迁不断发展。在店的产品上，顾念椿十分注重花色品种的多样化和高质量。在解放初期，他曾多次带领职工走出店堂，去无锡王兴记馄饨店参观学习；还与职工共同研究，在炒肉团子的基础上，搞出了炒肉面、虾肉大馄饨等新品种。炒肉面用阔面条煮熟后，先在冷开水中撩过、甩干，再用自制虾子酱油作调料，美味爽口。面浇用夹心精肉，配以黄花菜、黑木耳、天目山扁尖、河虾仁等上等原料制成，深受顾客喜爱。直到今天，黄天源除了各式糕团享有盛誉外，炒肉、虾仁各种面条，原汤原味，亦颇具特色，顾客百吃不厌。

随着黄天源名声日隆，1956年公私合营时，又并进了天源利和冯秉记两家糕团店，人员、资金和技术力量更为充实，经营品种亦逐年增多。若按季节，一年四季都有适时花

— 125 —

色品种推出,如正月初一供应糖年糕、猪油年糕、糕汤圆子,正月十五供应糖汤圆子,二月初二供应油煎年糕,三月清明节供应青团子,四月十四供应神仙糕,五月初五供应各色粽子,六月供应绿豆糕、薄荷糕、米枫糕,七月十五供应豇豆糕,八月十五供应糖芋芳、糖油山芋、焐熟藕,九月初九供应重阳糕,十月供应南瓜团子,十一月冬至节供应冬至团子,十二月供应各式年糕。

黄天源除按时令节气的变化供应各种品种外,还按苏州人的风俗习惯推出适销品种,作为喜庆吉祥礼品,相互赠送,以示祝贺。供应老年人做寿的有寿团、寿糕,姑娘出嫁有蜜糕、铺床团子,小孩满月和周岁生日有剃头团子和周岁团子,入学有扁团子,新屋上梁和乔迁之喜有定胜糕等。

1956年,国庆前后,在三清殿举办过苏州市饮食展览会,展出的菜点达一千多种,真是吃的世界美食殿,光豆腐就有莲蓬豆腐、苹果豆腐、锅贴豆腐、嫂子豆腐等多种。最引人注目的是黄天源冯秉均用米粉捏成的一座三清殿模型,长宽各近60厘米,高达1米,飞檐翘角,青瓦黄墙,正门中间12扇长窗雕花镂凤,殿上三神金光熠熠,30根柱子一根不少。殿前宝鼎线条挺拔,尤其为人赞叹。周瘦鹃特为此展撰文赞扬"真是一件匠心独运的艺术品"。

80年代以来,黄天源先后扩大了店堂和工场间。有观前街(86~88号)、玄妙观东脚门两个堂口,糕团品种达200多种,每天供应60多种。近年来,在原有的基础上,又创新和发展了其他礼品糕团,并从蛋糕裱花得到借鉴,设计制作出松鹤同春、龙凤呈祥、凤穿牡丹、嫦娥奔月等口味美、造型美、装潢美的新型糕团。这些产品都通过本店和设在北京、上海、南京等城市，以及安徽、新疆等地区的分店进入千家万户，行销海内外（图40）。

图 40　黄天源糕团店

1995年4月，在香港举办"苏州食品节"，以百年老字号采芝斋、黄天源两店的产品为主，其他传统食品为辅，突出了苏州传统、风味、特色三大特点。主要食品有糕点、糖果、蜜饯、炒货4大类73个品种，供不应求，大受江、浙、沪籍香港同胞的欢迎。

1995年11月，黄天源糕团店在175年店庆之际，举办了为期一周的首届黄天源糕团食品节，展示300余种正月至腊月的各类传统、特色、创新时令糕团。其中有曾获得中商部金鼎奖的桂花白（黄）糖年糕，还有苏式葱油麻团、四色猪油年糕、各色时令糕点、速冻系列糕团食品及大型艺术糕团，形态各异，内展外销。其精制花色糕在北京举办的1996年国际食品加工技术博览会上获得金奖。

— 127 —

妆品月中桂

女性爱妆，城市的女性更注重自己的容颜。如今各大城市的商场内，用于女性的化妆品和服装这类商品更为琳琅满目。要买要用并不须串专业商店，这类物品，商场内总最优先保留着它们的地盘。可在过去，女性的化妆用品店比较专业。

说起苏州的月中桂化妆品，清末民初，官僚、士绅、富商等麇集于苏州，花粉业的销售市场比较繁荣。当时苏州经营胭脂香粉等化妆品的商店有孔凤春、锦华春、丹凤春、戴香室等好几家，而月中桂是其中最老的一家。

月中桂是苏州著名的百年老店。初创时店设在阊门内中市。据《苏台麋鹿记》记载："咸丰十年（1860年）四月，太平天国战火中，阊门内外一片火海，吴趋坊口，处于大火焚烧的十字路口，首当其冲，商店居户尽付一炬。兵燹之灾，月中桂未能幸免。待战乱稍弭，便迁至观前街重振旗鼓。"当时由著名书法家王云书写金字招牌，落款为甲子同治三年（1864年），迄今亦已有120余年历史。

月中桂从阊门迁移至观前，店前设在玄妙观东脚门东侧，二层楼房，大二开间二进。在1930年左右观前街进行路面拓宽，月中桂翻建成三层楼房，因基地面积缩减后约剩40平方米，便向三清殿道观太阳宫租借观产土地作工场基地，工场部分建造二层楼房，为四开间四进和二开间二进，共计16间，面积约300平方米，前后连通形成前店后坊的自产自销手工业化妆品专业商店。

月中桂创办人吴慎生,生于清嘉庆二十四年(1819年),曾在京城任过官职。吴慎生属兔,开业之日适逢中秋佳节,因此,他将店取名月中桂,产品以玉兔为标记。开始经营的碱皂香粉,其传统产品碱皂的造形为一只玉兔。盒装鸭蛋粉和瓶装生发油等也都用玉兔图案。

月中桂初创之时,正值慈禧垂帘听政时期,当初在京城宫廷附近没有为其奢侈生活服务的手工作坊。而在当时,吴慎生在京为官,获取了清廷配方,并聘带一位香粉师傅回苏创办了富有特色的香粉店。生产的香粉曾为清廷贡品,又称为"宫粉"。为了扩大影响,吴慎生在苏州开创月中桂的第一天起就免费赠送祖传秘方(由天然麝香、朱砂和冰片等药料)配制而成的外用腹泻药,称痢疾散。这一善举是店主独具匠心的生意经。因此,一般城市贫民和乡人一患此疾就想着要去月中桂索取此药,这药一敷就灵,效果显著,于是月中桂名声广为传播。

月中桂创业以来,传统产品相继不断,有宫粉、鸭蛋粉、生发油、发蜡、雪花粉、芙蓉油、碱皂、京式香皂、香水、香膏、香蜜、胭脂、供香、熏香、安息香等。其中有些采用清廷配方秘制而成。如生发油也称头油,品种有玫瑰油、茉莉香油、紫罗兰油、三花油等。配制生发油的香料专门从上海奇华顿洋行和鉴臣洋行等购得,十分考究;所用植物油——茶油,其特点是不易挥发,使润发效果和香味持久,适合农村妇女使用,但易沾灰。随后又采用矿物油生产生发油,其特点不易沾灰,但易挥发,适合城市顾客使用。两种头油,各有所长,

百年观前

所以就同时生产,以适合城乡需要。

月中桂除了销售具有特色的化妆品外,还大量经销喜庆用品。有妇女头上戴的头花,有挂在胸前的胸花,还有插在花瓶里的瓶花。另外,深受农村妇女欢迎的粉奁镜箱,是从生产粉奁箱有名的常州采购来的。还有经销的床花和发禄袋、红毡毡、果盘等也是城乡人民喜爱的用品。

月中桂原由大房经营,截至1925年先后在京、津、沪、汉各大商埠设有月中桂分号。在上海,月中桂设在著名的化妆品集散地昼锦里(现在汉口路、山西路交叉处一带)。后来,苏州月中桂开始由大房移给四房吴哲维经营。吴哲维去世后,月中桂由吴哲维的二儿吴桐继承店务。他喜爱音乐,并担任苏州晏成中学音乐教师,并不关心家业。经营事宜均交给宋锦棠代理掌管,店务日趋衰落。为继承祖业,于1938年,吴桐、吴栋兄弟俩各出资一半经营。吴栋自幼在月中桂长大,对化工生产耳濡目染,后又考上了上海沪江大学化学系,于1940年毕业后接管店务,锐意振兴,使月中桂由衰转盛。

解放后,月中桂于1956年公私合营,与隔壁的源源祥绒线店合并,定名为月中桂百货商店。当时,营业面积有120平方米,以经营小百货和化妆品为主。后来网点调整时,又陆续并入了兴业橡胶店、德康丝线店、德丰祥丝线店。这样,月中桂由小店变为大店,由专业商店变为综合商店。这时,月中桂分化妆、搪瓷、橡胶、床上用品、内衣、服装、小百货、巾袜等8个柜。商品约有2 200多种,其中化妆品有300多种,小百货1 000余种。

— 130 —

1966年"文革"时,月中桂在同治三年设的老招牌被砸烂,改名为春雷商店。1977年该店旧房翻建,并于两年后恢复原店名。1980年10月,月中桂新屋落成,经苏州市商业局批准,将月中桂百货商店改名为月中桂妇女用品商店,于1981年1月正式开张营业。

绸布乾泰祥

地处观前街中段的乾泰祥绸布商店,是苏州绸布行业中的百年老店。乾泰祥创办于清同治九年(1870年)前后。光绪三十四年(1908年)苏州商务总会绸缎业14户名册中记载:乾泰祥,玄妙观东……有关乾泰祥创办时的记载虽不多,但这家观前老字号在苏州同行中早已闻名遐迩。

1922年,乾泰祥业主周以谟在外听到自己店内所聘的经理治店松懈,私下又纳妾作乐,花费日糜,于是决意出盘。阊门中市介纶绸缎店职员何颖生,联络悬桥巷协记老板姚君玉,邀好友张琴石、王梅村、朱润生等出资3.6万银元接盘,何颖生被推举为乾泰祥经理。

1923年,苏州绸布同行业中的大新、大经和久昌关店歇业,乾泰祥仅以进货批价7折受盘大量存货,获利丰厚。1924年,股东们买下乾泰祥原址房地产,并进行翻建。1929年,观前街拓宽后乾泰祥再次落地翻建,耸起了一座中西式的三层楼房,成为同行中的一家大店铺。

乾泰祥新店落成开业后,在底楼设绸缎、呢绒、布匹、鞋帽4个大部,二楼开设顾绣、时装两个部,店内附设弹花工

— 131 —

百年观前

场,雇工自弹棉絮、棉胎,又设3个服装工场,专门接顾客购店内布料定制服装的生意,同时加工进口珠罗纱蚊帐。乾泰祥经销的顾绣非常讲究质量,不仅有专人负责选料、染色,审阅图稿,而且在市郊设立专门"代放绣"加工点。如此特色经营使得苏城富家大户无论婚丧大事皆慕名而来,采购所需用品。30年代初,女眷风行绣花红裙,乾泰祥见机瞄准市场需求,每天能售红裙百余条。行业中历来有放账(赊销)传统,乾泰祥在这方面常年达20万银元,占年营业额之半。如1935年闻邱坊巷富户俞展翼完婚以及其父俞子良丧事,加常年家人衣着,一户向乾泰祥赊衣料款达5万银元,数额之巨令人咋舌。乾泰祥放账除市区老主顾外,还遍及无锡、昆山、常熟、吴江等县乡镇,尤其是吴江一角,提起"乾泰祥",家喻户晓,而且还广泛流传着"吃到松鹤楼,着到乾泰祥"的俗语。

正当乾泰祥的绸布生意红火之时,1937年抗战爆发,苏州沦陷后遭到空前浩劫。据1938年2月苏州商会统计,绸缎业4个大户损失424 399元,乾泰祥达184 646元。遭受如此损失,乾泰祥几乎一蹶不振。店主怕战前储户取款,只好在店门前搞一条横幅,上书"五星绸布店设在乾泰祥",以此遮人耳目。店内的职工靠摆布摊度日。一时暴富的乾泰祥变为门前冷落车马稀。原来的富户主顾,那时已纷纷逃亡他乡,或入上海租界,或奔重庆山城。因无法经营,不少老职工离店,与他人合伙另谋出路,如重新开办永泰新、元利、丽华等布店。后来乾泰祥在稍有起色时才重新亮招牌,并以6折向以前储户存款发还本金,这时乾泰祥已失去了昔日的

— 132 —

雄风。由于店主何颖生能坚持以"执货不执币"的对策,在解放前的几年里熬过了国民党政府通货膨胀的危机。

新中国成立之初,乾泰祥经营仍十分困难,直到1954年底,乾泰祥等10户作为最后一批店户与苏州市花纱布公司签订了经销合同,挂起了经销店牌子,从此起死回生,有了根本转机。

1956年,乾泰祥与其他绸布店一起申请公私合营,在行业改造调整网点过程中,西中市大丰布店,观西大兴布店、瑞和皮货店先后并入乾泰祥。大丰原来与协记、辛昌号称苏州棉布三鼎,合并后在乾泰祥宫巷一侧曾一度高悬"大丰绸布商店"牌子。1956年底,太监弄大丰丝棉商店又并入。商店由原来大丰经理朱蓉江、源昌祥经理史德生和大新经理徐子屏为私方主任,顾治平、方梦忆两人任正副公方代表,全店有30多名职工。

图41 乾泰祥绸布商店

解放后几十年来,乾泰祥励精图治,所经营的产品和服务质量在苏州同行业中一直名列前茅,并屡获行业先进集

百年观前

体称号。1980年，获江苏省政府授予的先进集体称号；1981年，又被江苏省商业厅定为市内四个扩大自主权试点单位之一。党的十一届三中全会以来，乾泰祥这家老字号更是青春焕发，老树发新枝。面对纺织品市场的新变化，积极开拓货源渠道，恢复高中档呢绒和丝绸传统经营特色，成为一个多品种、多花色的专业绸布商店。

游人熙攘的观前，商业繁盛，汇集四周的百年老字号和老店比比皆是。上述介绍的几家仅是观前老字号中的一部分。据资料记载，观前在30年代初，已呈空前繁荣景象。粗略统计一下，当时设在观前的金融机构有中国、交通、吴县田业、上海、国华、中国实行、信孚等7家银行，以及保大、义康、义大、久丰4家钱庄；百货公司有景德、兄弟、钱恒森，另有华大、联和、馀昌、泰丰4家公司；银楼有恒孚、彩凤、天丰、天成；绸布庄有乾泰祥、怡和祥、同仁和、天祥、瑞和祥、瑞泰丰、瑞信泰、久昌；书局有小说林、振新、世界、商务、文怡、交通、平江；药房有太和、中英、华英、华美、中西、中央；土特产商店有采芝斋、稻香村、叶受和、东禄、陆稿荐、马咏斋、文魁斋、周万兴；菜馆有老丹凤、松鹤楼、自由农场、易和园、月宫饭店、合作农场；面馆有观振兴；照相馆有柳村、松石轩、大光明、中华、康生；影剧院有青年会、中央、东方；浴室有汇金泉、新汇金、蓬瀛、聚兴园、复兴园；茶馆有云霖阁、吴苑；旅馆有大陆、新苏、安东；还有毛恒凤的苏扇，西兴盛的烟丝，张万源、屠鸿兴的牙刻；等等。抗战前夕，观前又增加了金城银行和鸿盛、鸿源、振苏、庆泰钱庄，以及汪瑞裕茶号、国际照相馆、吴宫饭店、新雅饭店、新安茶室等；太监弄

— 134 —

增设了苏州老正兴、上海老正兴、味雅、三吴等菜馆酒楼。

图 42　观振兴面馆等老字号

　　百年观前,风雨沧桑,这些老字号店肆虽然此兴彼衰,有生有灭,但它们繁荣了观前的商贸,增添了这条苏城名街的风采,也为百年观前的经济奠下了一块块坚厚的基石。

北局今昔

不少苏州人在"荡观前"、"白相玄妙观"后，总不知不觉要上北局去转一转、玩一玩。北局（又名小公园）是紧靠观前街的又一处繁闹的商业文化区。这里从早到晚，游人熙熙攘攘，十分热闹。

所以会这番热闹，是由于这块不过400平方米的广场却集中了开明大戏院，苏州书场，大光明、苏州、新艺、大华影院，新苏旅社、小朋友食品商店和人民商场等近十家大小影剧院和商场，形成了苏州市中心的一处文化消费区。

在当代苏州人的记忆里，从新中国成立至90年代初的40年时间里，小公园广场一直保持着游人如织、热闹非凡的场面和气氛。小公园的热闹除了原市区居民人口密集，相对集中的娱乐区等诸多因素外，人们对精神文化生活的渴望是一个重要方面。小公园地区的戏院、电影院和书场十分集中，半个多世纪以来这里始终是苏州人精神文化生活的乐园。开明大戏院经常上演的中外名剧、地方戏文,苏州书场内弦索玎琤的评弹名篇佳目,大光明电影院世界著名电影的首映式,还有夏日露天广场的文艺演唱会、季节性的时装表演、幸运大抽奖、彩券摸奖等等,都在这里轮番上演。人们聚集来这里观摩、玩乐、购物、吃喝,充满着生活的无限乐趣。

昔日北局一览

小公园这处热闹繁华的场所,也是一块沧桑多变之地。在 1930 年前,北局还是人迹稀少的一片荒地。若问北局的来历,要远溯至明代的苏州织染局。因为苏州的丝绸天下闻名,明代朱元璋登基于南京后,于洪武初年在苏州设立织染局。初由苏州府督管,永乐年起改由皇室内府司礼监派苏杭织造太监常驻苏州,专司管理。因此北局宫巷间有一条巷名“太监弄”。织染局址设在观前街南面天心桥东一带,当时有房屋 245 间,织机 173 张。几经增饰,至万历中愈加整丽。清代在苏州城南设总织局于孔副司巷,于是人们便称孔副司巷总织局为南局,观前原织染局为北局。两者均毁于清咸丰十年(1860 年)太平天国战争。北局这块地段清末民初十分荒凉,有段时间还是官府处斩犯人的刑场。当初北至兰花街,西到邵磨针巷,南抵三贤祠巷,东达太监弄,由于历年几经兵燹,成了一片废墟地。人们一般很少来此转悠。北局的东南部耸起一个很高的土墩,周围尽是瓦砾堆叠,一片狼藉。只有一些调皮贪玩的孩子们常来此处玩“官兵捉强盗”

— 137 —

游戏或者放风筝。1913年苏州警察厅建立消防队,队部就设在北局,并竖一警钟楼作为瞭望塔。登高一望,全城尽收眼底。面临北局的兰花街有家"清风明月楼"茶馆,茶馆有一定规模,四开间门面。因为店面朝南向阳,冬暖夏凉。苏州爱喝茶的人很多,每天早晨总有不少提着鸟笼的老茶客,遛完鸟后纷纷到此茶会。清晨的北局广场西北部,常有人在此练功打拳,也有租骑北局马棚里的驯马,由马夫带领,奔跑在广场的一片废墟上。待这些玩客累了乏了,于是就来兰花街茶馆休息喝茶。慢慢地,北局这块废墟地还吸引了不少基督教传教士来此处传教,他们在空旷的地方搭起帐篷,时有数百名信教的教徒聚集在一起高唱赞美诗,讲耶稣故事。到了1921年春,苏州基督教青年会首先在北首择地募款建筑平房数间,作为会址,还辟有小礼堂。

基督教青年会是北局最早的建筑设施。这是美国传教士巴克蒙和中国基督教徒总干事徐可升建立的教会社交机构。建筑费用由美国教会出资一半,其余半数资金由中国教友和社会人士募捐解决。青年会中设有高级浴室、理发室、大会堂、弹子房,教会食堂兼备中西大菜、西点咖啡等。基督教青年会的主办人很善交际,与苏州的地主、缙绅、殷富、权贵来往密切,又因为当时偏重洋务的潮流所趋,青年会一时成了苏州上层人士的社交中心。当时许多社会名流如陈独秀、江亢虎、黄炎培、马寅初等都纷纷来青年会作学术演讲。田汉的中旅剧团、唐槐秋的南国剧团、晓庄师范的话剧团,也都来青年会大会堂登台演出。基督教青年会的这番热闹,可以说也为北局以后的兴盛奠定了基础。

1919年11月16日，日本暴徒数十人持械袭击进行抗日宣传活动的福州学生，制造了多人伤亡的"福州惨案"。12月13日，苏州市各界10万人聚集观前北局召开苏州各界联合会成立大会，一致决议自救救国，抵制日货，奋起援闽。北局成为苏州抗日救国的中心，以致国货商场就选址北局拔地而起，林公则徐纪念碑也竖在北局小公园。

在市中心竖立的林则徐纪念碑，时时在提醒人们不要忘记鸦片战争给中国带来的灾难和清政府腐败给人民造成的祸害。这座纪念碑系1931年苏州禁毒会自发禁烟而设立的。禁毒会负责人之一金东雷，苏州横塘人，父亲就是因抽鸦片烟而亡，当年挽联中有"斯人独憔悴，有子能文章"，就是指金东雷父子事状。金东雷有译著《英国文学史》，上海书店出版。他痛恨鸦片害人，志愿参加禁毒会，并组织在北局竖立林则徐纪念碑，由李根源书碑。原碑在北局中心广场，1990年，正值鸦片战争150周年之际，由团市委等5个单位将碑移建人民商场南侧，特辟纪念碑碑园，作为我市少先队员爱国主义教育基地。在观前整治工程中移建北局中心广场。

开明大戏院及影院、书场

20年代后期，北局逐渐开始呈现繁盛面貌。1927年，北局东南角开始建造开明大戏院（图43）。经近两年的建设，1929年2月，戏院鸣锣开业，1930年开始影剧兼营。先后名东美乾坤大戏院、大观园乾坤大剧场、发记大舞台、东方大

百年观前

戏院等,最后确定改名开明大戏院(图43)。院址设在北局11号,当时有观众座位1 330席。开明大戏院的建成,这对30年代初的苏州文化界来说是一件难得的幸事。它规模宏伟,设施新潮,且又坐落于苏州市中心繁华地区。这不仅给苏州文艺界的戏文交流和观摩带来了繁荣,也吸引了众多市民戏迷前来开眼界。各地剧团及一些著名演员纷纷登台献艺,使这新建戏院的舞台异常活跃。

图43　北局东方大戏院(1932年摄)

这里值得书一笔的是,为何会改名"开明大戏院"。这与梅兰芳来苏首演有关。据说新建不久的戏院当时曾有一阵取名为"大观园乾坤大剧场",专门以演京剧为主。30年代初期,著名京剧表演艺术家梅兰芳同马连良、金少山等连袂来苏州演出,戏院老板宴请梅兰芳等于观前街松鹤楼,宴会上谈到了戏院更名一事,想请梅兰芳先生题名留念。梅兰芳欣然允诺。他思索一番后,说年轻时在北京开明戏院登台演

— 140 —

北局今昔

出时,留下了深刻的印象;如今第一回来苏州,受到苏州人民的热烈欢迎,同样留下了深刻的印象,不妨就改名为"开明"吧!就这样,梅兰芳的建议被大家一致热烈鼓掌通过。于是"开明大戏院"的名称就叫开了,并一直沿用至今。

开明大戏院除上演传统戏和京剧外,那时也上演一些时代新剧(称文明戏)。例如,1933年春,上演了张恨水的名著《啼笑因缘》。这部名著搬上舞台,加上新颖的布景,深受观众欢迎。

由于北局地区顾主的特点,黄包车生意日盛。图44是北局黄包车停歇的旧影,反映了当时的社会风情。

图44　北局黄包车(30年代摄)

新中国成立后的1952年,苏州开明大戏院由地方国营影剧书场总管理处接管,改名为"开明剧场",并聘来李慧芳、梁慧超等演员为台柱,将原于30年代末组建的戏班并

— 141 —

百年观前

入,于1953年8月正式
成立"开明京剧团",为
开明剧场基本演出团
体,后来该团体于1954
年底解散。

1958年,开明大戏
院翻建后改名为"开明
剧院",开始接待外国剧
团演出。"文革"期间,又
改名为"东方红影剧
院",开始兼映电影。
1985年,恢复传统名称
"开明大戏院"后仍演戏
兼映电影,成为北局最
主要的影剧院(图45)。

图45　北局的开明影剧院

在开明大戏院北面
的苏州、大光明电影院也是北局的一处繁闹之地。至今70
年来,影院为苏州人民上映了数万场中外影片。苏州城的影
院历来为数寥寥,苏州、大光明影院无论其规模和影响在城
里都是首屈一指的。在那电视还未发展的时代,电影的诱惑
力是强大的。苏州人当时主要的业余文化娱乐生活除了看
戏听书外,更多的是上电影院看电影。苏州、大光明电影院
规模大,上映新片快,又地处中心闹市,所以绝大多数市民
一遇新片都争相前来观看。若逢感人的名片上映,小公园广
场上人头攒动,一派熙攘,颇有万人空巷的气氛。记得70年

— 142 —

代,影院上映朝鲜宽银幕故事影片《卖花姑娘》,苏州、大光明影院被围得水泄不通,一张电影票炙手可热。票贩们乘机四处出击,那些扬在手里的当场票待价而沽,真是把人胃口吊足了,竟也有人心甘情愿加倍地掏钱,以求先睹为快。不管怎么说,北局的苏州、大光明电影院,是苏州人历史上观看影片进出最频繁的地方,一代代苏州人在这影院受过无数优秀影片的传统教育和艺术熏陶,可以说都不同程度地影响过每个人的成长。

始建于 1928 年的"北局大戏院"是苏州、大光明电影院的前身,也曾先后更名为大东游艺场、中央大戏院,最先也以演戏为主。至 1931 年扩建成苏州、大光明两家连体电影院。这两家影院一直到"文革"期间,"苏州"改名"长征","大光明"改名"工农兵"。1980 年恢复原名。90 年代,苏州、大光明电影院经改建变成了一座多功能的影城,配有大小立体声影院数座,其放映环境和效果更胜往年。

北局地区除了剧场影院外,地处南面的苏州书场也是一处熙闹之地(图 46)。它是苏州自清代以来数十所书场中最大的一家专业书场。苏州人爱听书,嘴边清茶、耳旁弦索弹唱,此乃一乐。苏州书场开办于 30 年代中期,最初取名"中华书场"。1938 年,被汉奸戴纪乐霸持后改为"乐园"。抗战胜利后,书场由张健飞、韩小毛接收,更名为"静园"。1956年,公私合营后才定名为"苏州书场"。然后,书场被重新翻造扩建,成为剧场式的新型书场。场内呈扇形结构,典雅美观,设有 680 余个座位。80 年代中期苏州书场又经改造,以一张张可移动的小方桌,四周放单人靠背沙发椅,成纵横排

— 143 —

列格局,共设有 260 个座椅,听客多时可增至 300 多人。

自古流行于江南的苏州评弹,表演形式多种多样,有俗称"大书"的苏州评话,绘声绘色;有俗称"小书"的苏州弹词,"说、噱、弹、唱"丰富多彩;还有长篇评弹、短篇评弹、弹词开篇等各显特色,颇受苏州人民喜爱。这些文艺表演活跃着苏州人的文化生活。北局的苏州书场由于其设备新颖,座位舒适,演出效果甚佳,因而替代了苏州市区众多著

图 46　北局的苏州书场

名的茶馆书场的地位,成为江南众多著名弹词艺人和说书艺人经常演出的主要场所。五六十年代,苏州、上海等地评弹团的著名演员如杨震新、金声伯、吴君玉、徐丽仙、侯莉君、尤惠秋、王月香等都曾先后来此演出。无论是传统长篇书目《珍珠塔》、《玉蜻蜓》、《三笑》,还是评话现代书目《江南红》、《林海雪原》等,以及脍炙人口的弹词开篇《新木兰辞》、《蝶恋花》、《咏梅》等,一批批优秀作品都经常亮相于苏州书场,使成百上千苏州书迷在这里大饱了耳福,领略了苏州评弹的艺术精髓。近年来,北局小公园进行了较大的改造,在

— 144 —

苏州书场原址上翻建了一座新楼,改名为"苏州文化广场"。楼内,除保留了原有的苏州书场外,还开辟了保龄球馆、卡拉 OK 厅、舞厅和酒吧、商场等,成了一幢多功能的文化娱乐大楼。

人民商场与今日北局

北局的繁兴和熙闹除了戏院影院聚集、娱乐业兴盛外,苏州历史上最大的商场也兴建于此。20 年代,北局的西面原有一座木质的警钟楼,下面一排数间平屋,是当时的苏州警察厅消防队的驻地。1931 年,在"抵制仇货,誓用国货"的运动高潮中,由苏州总商会出面发起集股组建国货商场(苏州百货公司)(图 47),经过建设者 3 年多的筹建与施工,到1934 年秋季正式开张营业。苏州北局兴建了这样独树一帜的大厦后,吸引了全市城乡顾客,并影响了邻近各县。一时间,城里城外的百姓纷纷像"白相玄妙观"那样来逛商场、长见识。即使身边囊中羞涩也无妨,参观一下商场的各种国货,看一看国人自己的工业产品心里也振奋。国货商场开业后,顾客云集,生意兴隆,同时也带动了附近观前街各商家的生意。

商场开业时,适逢绒线服装流行,为了推销国货绒线,商场曾邀请上海大陆商场的编织专家鲍国芳女士来苏州传授绒线手织技术,并作广告宣传。商场开设了传艺教室,室内彩灯高悬,每日求教者络绎不绝,挤得大厅水泄不通。此等场面,令人感叹。1935 年,国货商场对门的苏州电影院首

百年观前

轮上映我国著名影星
胡蝶主演的系列影
片,胡蝶被特邀来苏
登台演唱影片主题歌
曲,苏州影迷争相观
看,哄动一时。演出结
束后,国货商场老板
出面在商场二楼办盛
宴,邀请苏州地方军
政要人、绅董父老、各
报社记者等与胡蝶叙

图 47　苏州百货公司(30 年代摄)

餐,一方面为酬谢地方各界对商场的支持,一方面为明星洗
尘。

　　新中国成立后,1950 年 9 月,"国货商场"进行了改组,
命名"第一人民商场"。由国营百货公司、土产公司经营部分
场地,其余由 54 家私营商业户经营 48 个营业柜组。1956
年 1 月批准公私合营,改称"人民商场"。商场内 21 个行业
所有私营商店(其中 12 户百货)归口中百公司参加全商场
合营,重设 34 个柜组,经营日用工业品、食品、烟糖等各类
商品。至 90 年代初,人民商场经几番改造,建筑面积由
6 600 多平方米扩至近万平方米,内设 10 个经营部,一个批
发部及华侨商店、儿童用品商店等。经销百余大类22 000多
种大小日用商品,平均每天接待顾客数万人(图48)。

　　人民商场的几番改造,是顺应了新时期苏州商业经济
的高速发展。同样,位于北局旁的观前街,数十年来在保留

— 146 —

北局今昔

图 48　苏州市人民商场（1994 年摄）

发展众多百年老店的基础上，又逐渐兴建开设了一大批颇具规模的新型商场，与百年老店相互辉映，共同繁荣着观前地区的商业。对北局来说，之所以至今依然能保持旺盛的人气和繁兴的局面，除了这里的影院剧场发挥的作用外，人民商场长期以来成功的经营也起着重要的作用。作为苏州最大的商业企业之一，人民商场在苏州城乡消费者的心中是一块优质商品的老字号商标。直到今天，尽管随着古城改造，大量居住于市中心的居民动迁城郊，但人们只要有闲暇再来市中心，必然还会到小公园广场兜一兜、看一看，因为这里还留着很多很多苏州人需要的东西。

— 147 —

吃煞太监弄

　　"吃煞太监弄"这句 30 年代就流行于苏州的俗语，与"白相玄妙观"一样，至今仍为苏州人津津乐道。太监弄，这条在 20 年代还嫌幽僻冷清的小弄经过十来年的发展竟会餐馆林立，灯红酒绿地闹猛起来。其最主要的原因还是得益于它处在观前与北局中间这优越的地理位置。再则，"吃煞太监弄"，这主要是指太监弄后来兴旺的菜馆业和苏州菜肴的传扬与发展。

苏州菜肴的话题

　　说到苏州菜肴，确实有值得骄傲的悠久历史。早在春秋时代，吴王阖闾密令专诸谋刺王僚，专诸为此曾赴太湖向烹鱼高手太和学制"炙鱼"。这"炙鱼"可称史籍记载最早的宫廷鱼馔，历经演变，便发展成为今天苏州名菜"松鼠桂鱼"。宋代以后，苏州菜肴的花样更多，制作更精。士流美食家的汇集，更使苏州菜肴倍添艺术趣味。相传名扬海内的"东坡肉"，就是大文豪苏东坡在苏州定慧寺烹制而成的。明清两代，苏州由商人开办的菜馆酒楼日渐兴隆。如清代山塘街上著名的"三山馆"、"山景园"、"聚景馆"，观前街的"松鹤楼"等，都是名闻遐迩的名菜馆。《桐桥倚棹录》曾记载，当时仅"三山馆"一处菜单上的品种就有147品。其中肉类菜肴就有荸香肉、木犀肉、金银肉、高丽肉、东坡肉、麻酥肉、炸里脊、哈儿巴肉等23品。

千百年来，苏州菜点蜚声海内外，形成了"苏帮"菜系，成为江苏菜系的主要组成部分，被称为全国菜系的四大流派之一。苏州名店多，名厨辈出，经不断实践和发展，逐步形成了苏州菜以炖、焖、煨、焐等火候菜肴见长的地方特色。同时，苏州菜肴又以选料严谨，制作精致，因材施艺，四季有别，重视调汤，保持原汁原味，嫩爽脆而又不乏其味著称，并在每一道菜肴的造型及配色上都力求完美统一。

随手工业和商业的繁荣，苏州菜馆业在明清时期日益兴旺。清乾隆年间徐扬所绘《盛世滋生图》展示了自木渎经胥门、阊门直至虎丘的市容，其中菜馆酒楼栉比鳞次，"荤素小吃"、"上用小菜"、"家常便饭"、"包办酒席"等市招比比皆是，图中所绘菜饭店有18家之多。直到清咸丰十年(1860年)，苏州城外的菜饭业由于毁于兵火战乱，昔日不少名馆化为废墟。城内破坏稍小，尤其是丝织业集中的东半城，市面兴盛。从跨塘桥折经临顿路向南至顾家桥约3华里的临顿路上，就聚集着老通源、天和祥、天兴园等菜馆和五六家大小饭店，还有面馆、糕团、馄饨、饼馒店等。从清代后期至

百 年 观 前

1930年左右，临顿路一直是苏州餐饮的繁华之地，故也最先有"吃煞临顿路"的美誉。

30年代以来，随着观前街的拓宽和北局的开发，太监弄由僻静变繁华，许多菜馆酒楼纷纷在此落户。只有百余米长的太监弄，计有大春楼、三吴、味雅、苏州老正兴、上海老正兴、鸿兴馆、新新饭店7家之多。再加上周边地段如北局的月宫菜社，察院场的中央饭店菜部，观西的新雅、红叶，大成坊巷的鹤园船菜，连同原有的松鹤楼、老丹凤、易和馆、广南居、自由农场新式菜馆等，竟有近20家聚拢于观前周围的弹丸之地。因为多数集中在太监弄，所以"吃煞太监弄"之说戛然而起，渐渐地便将原先"吃煞临顿路"之说取而代之。

苏州上千年的"菜肴"和"餐饮"历史，虽然在岁月沧桑中也是坎坎坷坷，历经战乱与兵火使菜馆业几经沉浮，但由于吴地富庶，商业繁荣，苏州人对吃的要求仍是那般讲究，那般强烈。所谓"吃煞"，是苏州人希望吃到极致的一种代名词。这条人人都想来"吃煞"一下的太监弄，自30年代兴起后也历经抗战、内战，解放后的自然灾害和"文革"动乱的沉寂。党的十一届三中全会以后，苏州的菜馆业又重现了生机，太监弄经改建和调整，设立了功德林素菜馆、五芳斋、王四酒家、上海老正兴、得月楼、大三元、苏州小吃园等，连原设在观前街上的百年老店松鹤楼也掉转门面设堂于太监弄，热热闹闹挤个风光，太监弄又重现了昔日"吃煞"的景观，不过这景观已烙上了鲜明的时代特征。

吃煞太监弄

从吴苑茶楼说起

说到太监弄,这条于明代金玉、如意两太监居此而得名的苏州小弄,虽在观前街拓宽前一直较为清静,但也有过与"吃喝"结缘的熙闹。那是在 1912 年,苏州一家规模最大的"吴苑"茶馆在太监弄创办了。这家江南典型的茶馆占地甚广,前门设在太监弄内,后门可通珍珠弄。茶馆的前身是仅为一开间的怡和园茶馆,后扩建为五开间面积,改名"吴苑"。茶馆内有前楼、方厅、四面厅、书场、爱竹居和话雨楼等主要厅室。楼下有 5 个堂口,楼上有五开间的大堂口,后面有小堂口。那个进大门的堂口称为"船头"。当时,来"吴苑"一楼的茶客都是一些各有所长、专收各种旧货的商人;楼上的茶客是建筑业与木行帮;挂落前面的茶客都是苏州城里城外几个臭名昭著的大流氓;挂落后面的茶客大多为报馆中的有名人物,如颜心公、张叔良、胡觉民、张南荪、项竖白等,苏州各大报的负责人常在这里喝茶聚谈,座位固定,风雨无阻。"吴苑"茶馆的四面厅布置古雅,厅内设诸多红木茶座,茶客则都是苏州社会上的名流人物,有张一麐、朱梁任、蒋仲川等人。一些地方事务、市政等问题就在这里商量、拍板。来者中还有名律师胡士楷、钱家桢、顾恩沛,画家颜文樑、胡粹中、朱士杰、樊少云、柳君然、吴似兰等。画家们喜欢聚在一起谈画技,鉴定古画,收购珍藏。方厅东南角一个洞门里,有三开间上下两个堂口:楼下的"爱竹居"是省议员与一些地主的喝茶之处,楼上那间"话雨楼"则是教

— 151 —

师与作家的阵地。小说家周瘦鹃、范烟桥、程小青等人常来这里交流。亦有一些出名的纨绔子弟在此消闲，下棋聊天，消磨时间。茶客中还有不少是来苏的游客和走亲访友者，他们纷纷慕名光临。这样，各路人马汇聚于此，使得"吴苑"常常茶客满座，应接不暇。

除了各等各样茶客之外，茶馆里亦常有大小流氓专事"敲竹杠"吃讲茶的；也有遗老遗少"骂太平山门"的；同时有托盘售卖苏式茶点、小吃的，提篮卖烟、卖挖耳、卖报的，还有卖唱、行乞、擦皮鞋的等等，各色人等都有。

"吴苑"茶馆的兴旺给清静的太监弄带来了商业契机。甚至以后相继在太监弄开业的菜馆酒楼多少也得了点"吴苑"的成功之道。"吴苑"茶馆经营有方生意好，这已是不争的事实了。这里，值得一提的是"吴苑"茶馆的"茶博士"给人印象深刻。"茶博士"，即茶馆堂倌，他们长期在茶馆这个"百口衙门"里与来自四面八方各阶层的茶客接触，社会知识丰富，各路消息灵通，且又熟悉评弹及地方戏文等等，在各方茶客中十分"兜得转"。"吴苑"的"茶博士"头脑活络，手脚也利索，能摸透常来茶客的心理、嗜好、性情、习惯、职业、家庭，根据各种情况巧妙对应，以博取对方欢心。这里的茶馆平时还备有水烟筒，茶客光临，堂倌沏茶绞毛巾，尔后装好一筒烟，点好一根纸捻递过去，很讲究礼貌。后来风靡香烟，堂倌能记住老茶客吸烟的不同牌子，备好各种香烟，随时按市价售给茶客。有时，还为茶客垫款购物，如买香烟、叫点心，若天下雨则代雇车辆，不需茶客当场掏钱。茶客喜吃的点心他们也都能熟记，届时，生煎馒头、蟹壳黄、焖肉面一盆一碗端上来。端碗技术非常高明,决不亚于菜馆面馆的堂倌。"茶博士"在冲茶时也见功夫,提起大铜吊,把开水倾注到茶壶、茶杯里,可以滴水不漏,铜吊起落动作非常洒脱利落,称为"凤凰三点头"。在服务中,"茶博士"们对每一位熟客,都备好一个手折(即记事本),垫的钞票、代购的物品等等,笔笔记上。逢节向茶客结账,茶客偿清后,往往另赏一些小账,少则几元,多者上十。堂倌善于见貌变色,碰到手阔的茶客,他们会推托垫款未能收齐,要求借钱垫,少则几十,多则能上百。因此,这是一笔很可观的收入。"吴苑"的一位堂倌叫阿春,在苏州"茶博士"中属佼佼者,他经常要为茶客垫款百元之多,因为常年收入优厚,居然渐有积蓄,购得住房一所。

"吴苑"茶馆最先的兴旺为太监弄赢得了名声。二三十年代,北局兴盛,那些陆续建造的青年会、开明戏院、电影院、国货有限公司、城中饭店、三吴饭店、味雅餐厅、老正兴菜馆等协同太监弄一起逐渐形成了苏州的经济、文化、娱乐的中心。80年代的太监弄则成了菜馆群聚的美食街了。

话说松鹤楼

苏州松鹤楼菜馆,这家乾隆年间始创的百年老店,原先一直是被观前街独占的。这也难怪。本来松鹤楼的店面就开在观前街上,松鹤楼为观前街增光,观前街也为松鹤楼扬名。80年代,松鹤楼经改建,总面积扩大达4 000多平方米。从观前街伸向太监弄,又开出了一个豪华气派的门面。因为

百年观前

太监弄菜馆集中,松鹤楼的名店效应更为明显。当时,苏州不少人订喜酒、生日酒等等各种宴席,都是冲着"乾隆始创"这块牌子上松鹤楼的。

松鹤楼的历史,说来真令人回味。据碑刻记载,松鹤楼原为面馆,加入面业公所。苏州面业公所始建于清乾隆二十二年(1757年)。在乾隆四十五年(1780年)重建公所的碑刻上,所列出资助建的商店中,就有松鹤楼的名字,推算它的始创年月,应在1780年以前,迄今至少已有二百多年的历史了。

从乾隆后期到咸丰年间,由于资料缺乏,松鹤楼的详情不够清楚,但它的历史是不会中断的,因为光绪十八年(1892年)修葺面业公所时立的碑刻上,在捐助者的名单中,列第一位的就是松鹤楼。在同治、光绪年间,松鹤楼仍是一家小三开间一个楼面的小店,不过这家店的焖肉、爆鱼、卤鸭、壮鸡等有特色的面浇头操作精致,面也下得滑爽有味,为他店所莫及。经营的饭菜,最初是在各色面浇优势的基础上配料加工的中低档品种,如焖肉豆腐、红烧鱼块、炒三鲜、小蹄髈、毛血汤等,物美价廉、风味别具。在松鹤楼各种面浇中,最出名的是卤鸭,从每年农历五月下旬新鸭上市就开始供应时令佳肴"卤鸭面"。苏州地方一到农历六七月,有一些市民喜欢吃素食,如"雷斋素"、"三官素"等等,在开始素食前夕有"封斋"的习俗,很多吃素斋者就上松鹤楼吃卤鸭面"封斋"。到了夏季,除了卤鸭面外还有各种素浇面。交秋后,新鸡上市,卤鸭面结束,又有壮鸡面应市。烹制壮鸡面时新鸡选择三至四斤的,取其嫩肥鲜洁,烹成后味美可

— 154 —

口。

面食和饭菜兼营的松鹤楼,至清末民初,饭菜业务逐渐超过面市,于是老板徐金源着意向饭菜方面发展。当时,时局艰难,百业凋敝,惟松鹤楼在同业之中,仍然保持一定的优势。

宣统二年(1910年),松鹤楼店主徐金源不幸积劳病故,即由其子徐培根继承家业,业务悉由其父生前原班人马执管。哪知此后经营人员利用职权营私舞弊,业务每况愈下,亏损累累。至此,宣布破产出盘。

出盘消息传出后,苏城同行一片惊异。但这样的机会也是千载难逢,大家开始各使招数,竞相争夺这家百年老店的金字招牌。当时天和祥菜馆经理张文炳,原是已故徐金源的知友,早悉内情,抢先与徐培根接触,双方商定生财出盘为800元,招牌在保持所有权前提下出租,年租60石大米(当时大米每石6元左右),租10年为一期,期满复议续租,同意加记,1918年生效。至此,松鹤楼出盘受盘达成协议,"和记松鹤楼"宣告诞生。

张文炳接任后,励精图治振兴松鹤楼。菜肴方面全由自己信得过的名师掌勺,对掌握银钱、货物等的重要部门及其他都一一作了妥善安排,各司其职。开张的松鹤楼修缮一新,重新漆上的"宴乐嘉宾"四个大字金光闪闪。由于店主张文炳严格管理,自己既精于烹饪技艺,又善于经营,社交广泛,生意越做越火,服务对象亦逐步扩大到上层各界人士,高档品种陆续应市。这样,不到三年就在同业中跃居首位。1923年,苏州《醇华馆饮食脞志》记载道:"寻常菜馆多以鹅代鸭,松鹤楼曾有宣言,谓苟能证明其一腿之肉鹅而非鸭者,任客责如何,立应如何。"张文炳常言,"做生意最要紧就是取信于顾客,真正做到货真价实。"服务方面,即十六字可概括:"一视同仁,注重礼貌,笑脸迎送,招待周到。"张的座右铭:"顾客是衣食父母,决不可以貌取人。"

说到"一视同仁"的优质服务,这里可举一例:松鹤楼老职工杜云卿的服务闻名于苏城同行,他不仅天生有副喊堂的好喉咙,而且态度和善,不厌其烦。那时早上的面市生意兴隆,不仅店堂内顾客满座,还要供应一批茶馆中的老茶客。而这些老茶客身份不同,要求各异,最难应付。面有软硬轻重之分,肉浇有去皮、硬表、五花、拣瘦、底浇的不同,鱼烧有头爿、甩水、肚档、雌雄爿的分别,还有重青(多放葱蒜)、免青、重红等等,不一而足。生意再忙,杜云卿总能让各位顾客称心满意,实不简单。

松鹤楼还有一位名厨叫陈仲曾,小名阿八,是店中一宝。陈仲曾出生于光绪九年(1883年),自幼家贫,开始师从姐夫张文炳学厨,聪明过人。后随张到苏州,烹艺大进,苏帮菜擅长的炖、焖、焐等传统秘技无一不精。1920年,陈仲曾由天和祥调至松鹤楼掌勺。他虚心上进,悉心研制了几十种四季应时的花色菜肴,为松鹤楼开创了一个新局面。陈烹制的品种,历经顾客品尝评比而交口称赞的有:原汁清翅、虾子刺参、白汁元菜(甲鱼)、松鼠桂鱼、虾仁烂糊、溜大王、蜜汁火方、古制酱方、响油鳝糊、荷叶粉蒸肉、糟溜鱼片、网包鲗鱼、西瓜盅、莼菜三丝汤、口蘑锅巴汤(天下第一菜)、炸虾球、爆双脆、青卷、川糟、干烤笋等。另外还有独具特色拿手菜"三黄焖",即黄焖鳗、黄焖着甲(海产鲨鱼)、黄焖栗子鸡。他烹制时从不尝咸淡,不用味精,手边常备一缸亲吊的"高汤"。"高汤"的技法是一种绝招。陈仲曾用了它,使其烹制的菜咸淡适中,有滋有味。

当时松鹤楼除店堂的菜肴和服务品优质佳,受人称道外,送菜上门是松鹤楼又一经营特色。不论是居民、商店还是旅社、银行、钱庄,哪怕叫一只菜也不嫌麻烦送菜上门。送菜的费用客户肯给多少就收多少,若不给也并不去争。店大不嫌生意小,低档品种也照常供应不误。热腾腾的三鲜、小膀、毛血汤之类,一年四季不断档,价廉物美,颇受大众欢迎。总之,松鹤楼根据顾客需求灵活经营。后来整桌筵席还可分两次吃,叫做吃"半桌"。为了招揽顾客,在前后门当众出虾仁、剔蟹粉,以示货色新鲜。

1929年,观前街拓宽路面,松鹤楼经过11年苦心经营,颇有盈余。于是重新翻建了600余平方米的新屋。新楼布局保持传统形式,楼上隔成几个雅座房间,沿街一排雕花裙板、玻璃短窗,居高临下,别开生面。松鹤楼老店新张,生意更加兴旺,门市和喜庆筵席应接不暇。松鹤楼发达后,有股东就提出多卖高档菜,缩减低档大众菜肴。店主张文炳坚决反对,他语重心长地说:"松鹤楼就是靠炒三鲜、小蹄膀起家的,普通生意占多数,薄利多销,保持信誉最最重要。"由此可见,松鹤楼之所以常盛不衰,就是坚持老老实实经营的结果。

1934年,年近古稀的张文炳病故。身后由其子张之钧掌实权,经理由张文炳的学生陆桂馥协理接任。业务尚能保

百年观前

持不衰。抗战后,实力雄厚的松鹤楼也深受通货膨胀之苦,步履维艰。解放初期,松鹤楼全店职工为顾全大局,临时组织维持生产委员会,度过了难关。1956年公私合营后,松鹤楼的全体职工上下一心,迅速使这家百年老店恢复其活力,先进事迹如雨后春笋。3号服务员孙荣泉的"三勤、四快、五心、六满意"工作法,深受顾客称赞。1959年,孙荣泉赴京参加全国群英大会,载誉而归。苏州滑稽剧团以此为素材创作了《满意不满意》,随后又改编为电影,引起了全国的反响,至今人们还能清晰地回忆起电影《满意不满意》中3号服务员"小杨"师傅的音容笑貌。

正当松鹤楼欣欣向荣时,"文革"开始了。在破"四旧"的浪潮中,"乾隆始创,誉满全国"的招牌首当其冲,被砸得粉碎,松鹤楼改名为"东方红"饭店。店内那些传统名菜"松鼠桂鱼"、"白汁元菜"等被打入"冷宫",取而代之的是"青菜豆腐"、"红烧萝卜"、"咸菜豆板汤"一类的大众菜。

图 49　松鹤楼菜馆夜景

吃煞太监弄

改革开放后,松鹤楼重焕青春。新建的4 000多平方米的大楼上下三层,共设大小12个餐厅,取名:松鹤、蟹泉、乾隆、凤凰、鸳鸯、友谊、迎宾、醉月、吟月、和合、紫薇、寒山。高峰时一次可容纳200桌筵席,接待2 000余人同时用餐,在全省菜馆业中名列前茅(图49)。

松鹤楼作为正宗苏帮饭店,近百年来名厨辈出,成为继承和发展江南烹饪技艺的重要基地。1983年11月,松鹤楼名厨刘学家参加了在北京举行的"全国烹饪名师技术表演鉴定大会",当场表演"早红桔络鸡"的全套操作过程,博得了专家、同行和与会各界人士的赞赏,并荣获大会颁发的"全国优秀厨师"的奖状和奖杯,载誉而归。

为了丰富首都人民的生活,同时也为传扬苏帮名菜,苏州与北京联营的"苏州松鹤楼"于1984年7月15日正式在台基厂大街开张营业。北京、苏州、香港报纸和中央人民广播电台都作了详细报道。开业以来,营业蒸蒸日上,尤其是久居北京的江南顾客,尝到家乡美味可口的苏帮名菜,赞不绝口,海内外的宾客也慕名而来。

名厨辈出,名菜丰盛,松鹤楼坚持不断创新与发展,在为广大顾客提供餐饮优质服务的同时,也赢得了大众心目中"苏式菜肴王国"的美誉。

得月楼与今日太监弄

苏州不少人都记忆犹新,1962年反映苏州饮食服务行业新风尚的影片《满意不满意》风靡全国之后,剧中那虚构

— 159 —

百年观前

的"得月楼菜馆"也名扬四海。80年代初,市政府筹建太监弄美食街时,便因势利导,在苏州烹饪学校实习基地(原苏州菜馆)原址兴建"得月楼"。由赴美国建造仿苏州古典园林"明轩"的建筑师设计建造。

《满意不满意》影剧中的"得月楼"是原创作人员根据苏州的一些菜馆如松鹤楼、新聚丰、近水台等原型塑造而成的(图50)。剧中的3号服务员是以松鹤楼一位师傅为模特,5号服务员则是以阊门外吊桥塸近水台面馆一位服务员为原型。宋代诗人苏麟曾有名句:"近水楼台先得月,向阳花木易逢春。"《满意不满意》作者就把"近水台"衍化成了"得月楼"。

图50 电影《满意不满意》剧照

据考证古代苏州也曾经有过"得月楼",一处在南濠街,那是明代宣德年间高士都维明建造的一座藏书楼,称之为"得月楼"。明代文人徐有贞《题得月楼》诗曰:"都君家住百花洲,上起凌虚百尺楼。晚来明月初出海,光照君家楼上头。

— 160 —

楼头图书铺满床,君时宴坐举霞觞。陶然浩饮不知醉,一日吸尽银蟾光……世间月色知几何,独有君家楼上多。"另一处在山塘街半塘桥南的野芳浜,明代曾在这里建过一座酒家,称"得月楼"。如今,这两处的"得月楼"均已荡然无存。

当代苏州人在太监弄建造的"得月楼菜馆",保持了苏州园林建筑的艺术风格,屋顶飞檐翘角,粉墙黛瓦。"得月楼"三字为宋日昌所书,屋宇两侧各塑一条凌空欲舞的飞龙,加上云纹背面,花边檐口,更显玲珑而俊逸(图51)。前墙建有半亭,半亭檐下倒挂着一对五彩麒麟。门庭左右为费新我左笔题赠门联"吴地名厨远来近悦,琼楼玉宇醉月飞觞"。门厅内天花板装饰着苏式彩绘"龙凤呈祥"图案。楼上分"广寒宫"、"琼楼"、"玉宇"、"和合"等四大厅。大厅之间用类似苏州古典园林花墙的雕刻地罩相隔。其纱槅仿留园的"佳晴喜雨快雪之亭",其木槅仿拙政园"远香堂",八幅木雕均以姑苏传统工艺制成,或刻画虎丘剑池、沧浪之胜迹,或再现天女散花、嫦娥奔月等民间故事。一步一景,疏密有致,置身其中,可领略苏州古典园林的清秀雅致。其中,广寒厅内饰有吴门画"奔月"巨幅彩壁,气势非凡,宛如九天月宫;船厅体现了江南水乡特色,两侧隔"水"相望,分别可见画中狮子山、行春桥、石湖、洞庭东山、寒山寺、枫桥等六处秀色。经过特殊设计的灯光,近舱水波粼粼,给人产生静中有动的妙趣。船头前,一幅"近水楼台先得月"的画面与"得月楼"三字一脉相承。

与江南水乡之水有着千丝万缕缘分的"得月楼",其菜肴以正宗苏帮见长,并以鱼、虾、蟹、鳖、禽等当地水产品为菜肴原料,以糯粉、面粉为点心原料,制成色彩绚丽、造型各异、形态逼真,色、香、味、形达到完美统一的菜点。如继承保留了蟹黄鱼翅、松鼠桂鱼、碧螺虾仁、鸡大燕窝、鸳鸯扣三弦、枣泥拉糕、五色方糕、荷花油酥等苏式菜点百余种,精心创制了"得月童鸡"、"西施玩月"、"蟾宫折桂"和塘藕全席等10余种新品种。传统时令名菜有"清蒸鲥鱼"、"虾蟹

图51　得月楼菜馆夜景

两鲜"、"蟹粉蹄筋"、"火夹鲥鱼"、"青鱼甩水"、"卷鲜嫩鸭"、"香菇菜心"、"母油整鸭"等。

得月楼菜馆的名厨在传统基础上,以月为题创新的菜肴可谓别具匠心。如"得月鸡",采用当年新鸡,添加名贵中药煨制而成,枣红色泽与满月相映,酥烂形整,异香扑鼻,令人满口生津。另有"西施玩月",以苏州河鲜白鱼为原料制成鱼圆,配以火腿丝,缀以绿叶,红、白、绿色彩和谐,上得桌来,但见沸汤翻滚,微波粼粼,层层涟漪簇拥着明月,使食客联想起"玩月池"以及西施的故事,顿时兴致盎然,生发思古之幽情。

— 162 —

吃煞太监弄

得月楼虽创店时间短,但美味佳肴已闻名遐迩。各地慕名来品尝的游客和本地常来光顾的老食客都翘起拇指称赞这里掌勺人的手艺。事实确实如此。得月楼拥有高级烹调师30余人,高级服务师20余人。特一级宴会设计师顾应根,精通中西各类宴会的台面摆列、餐桌设计和操作程序,熟悉中国各帮菜系。他还操一口流利的英语,多次接待各国各界要员,能用英语介绍各类菜肴的口味、特色。特一级点心师朱阿兴,通晓苏式各类点心传统历史,并在制作中屡有创新,根据自己多年的实践经验,出了《苏州船点制作》一书。特一级烹调师陆焕兴,精通苏式各道菜肴,特别是选料精当,料尽其用,更胜人一筹。以上三位年近古稀的老者至今仍身手不凡,技巧娴熟。名师手下必有高徒,如新一代名厨唐能义以高超的技能,在全国第二届烹饪大赛中,荣获一金、二银、三铜的奖牌,为苏帮菜肴争得了荣誉。

得月楼的新建开业,为太监弄美食街更增添了浓艳的一笔。得月楼因一部名扬全国的影片《满意不满意》而刻意新建,待得月楼风风光光、火火爆爆时,创作人员又别出心裁地搞出了一部新剧《小小得月楼》(图52)。它讲的同样是苏州饮食行业中的人和事,但对剧情赋予了全新的时代风貌和内涵。众所周知,影片《满意不满意》成功地塑造了一位3号服务员形象,《小小得月楼》电影又将新的3号服务员形象推上了舞台。俗话说,长江后浪推前浪。老3号服务员的主要特点是热情主动,服务周到,一心为客人着想,而新3号服务员的性格内涵更加丰富。于是,得月楼菜馆根据银幕上的新时代服务员形象产生了新的评选标准:热爱企

— 163 —

业、忠于职守;仪表端庄、举止大方;热情主动、服务周到;刻苦学习,努力钻研,不断提高业务技术;掌握一门外语,熟悉各地方言,善于用熟练的普通话接待顾客;精通苏帮菜的口味、特点、烹调方法,通晓各地菜系口味,做好名副其实的口头厨师,积极当好参谋;熟知苏州的衣、食、住、行,旅游线路、景观,积极做好向导。

图 52 电影《小小得月楼》剧照

新 3 号服务员这一艺术形象成了得月楼菜馆实际工作中新时代服务员的典型代表。由于标准高,菜馆开张多年来,一直将 3 号的工号空着。在"满意在苏州"活动中,店领导因势利导提出"谁服务最优,谁就得到 3 号工号"。于是,服务员们人人以"3 号"为标杆,争做 3 号服务员。进店工作了 3 年的青年女工许燕经不懈努力成了 3 号服务员。这位文静、娟秀的姑娘刻苦钻研,虚心好学,以精湛的服务技艺赢得了公众的广泛赞誉。不少接受过许燕服务的顾客,都成了菜馆的"回头客"。她的优质服务故事众多,这里撷取两例。一次,两位上海老先生上得月楼,指名道姓要找许燕。原来,他俩去年来得月楼,小许的接待给他们留下很深的印象。此刻,两位老人要点一道"淮杞炖鳖"的菜。不巧这几天"菜花甲鱼"特别俏,店内活鳖已用完。按理小许完全可以用"对不起"、"没有"来作答复。但她从不轻易对客人说"不"。她到厨房关照用最快的速度去集市采购来活鳖现烧;一方面与两位老先生打招呼,请稍等一会儿。同时,小许不时地来到客人身边,给他们换骨碟、送毛巾、谈家常,客人还未感到等了多少时间,一道色、香、味、形俱佳的"淮杞炖鳖"已端上桌。两位老人吃得十分满意,临行时一定要给小许小费,许燕微微一笑说,"欢迎你们明年再来得月楼",轻轻一推,把小费送还给顾客。

还有一次,午餐营业即将结束,涌来一批外地客人,许燕在接待中刚作菜点介绍,就被客人不耐烦地打断话头,自点了几个菜。上菜后,他们不是嫌菜咸就是嫌吃口差,小许不厌其烦地上厨房按他们的口味要求厨师重烧。营业结束了,他们又提出要添菜,小许又找值班厨师烹调,使他们得到了满足。餐后,这些客人为小许的服务态度所感动,终于感到过意不去,主动打招呼,并道出了脾气急躁的原委:"因路上堵车,耽误了时间,跑了好几家饭店没有吃上饭,心中烦恼,现在到了得月楼,得到你如此耐心、周到的服务,我们服了。"

许燕,这个当代青年的"3号服务员"形象与银幕上的"3号"相得益彰,为得月楼赢得了荣誉。为创"3号"品牌,进

百年观前

一步提高服务品位,1998年,得月楼菜馆领导根据店内实际情况,首次命名楼上的班组为3号班组,使3号服务员个人名牌效应向群体名牌效应延伸(图53)。

图53 《小小得月楼》演员和
得月楼3号服务员合影

得月楼菜馆开张至今,各种特色服务搞得丰富多彩,别具一格。得月楼于1983年在全市率先创意推出"菜馆年夜饭"服务。这也是根据作家陆文夫、书法家费新我等人的倡议,让忙碌了一年的人们走进菜馆酒楼欢度除夕。但是这种具有时代观念的创意,当时尚未被多数苏州人接受,得月楼的"除夕宴"订户只有三四桌。但时隔十多年后,得月楼年夜饭已年年宾客满座,而且苏州几乎所有的大中型饭店和酒家都推出了各档各式的年夜饭。

得月楼的年夜饭主要是"吃"氛围,"吃"感觉。得月楼是古典园林式的菜馆,花墙漏窗,书画合璧,整个氛围给人一种秀雅恬静的感觉。现代快节奏的生活、喧噪的环境,都使

— 166 —

吃煞太监弄

人的身心长期处于紧张忙碌的状态中,除夕晚上,在这具有庭园风味的菜馆中欢聚一堂,在热烈祥和的气氛中享受那别具一格的清闲舒畅,是大家所渴望的。同时,这顿"岁末家宴"上,如特别大玉、得月童鸡、一品高寿汤、青鱼川糟、吉祥如意等都是得月楼精心配制的特色菜肴,品尝之后,快意之余,一年的劳累自然就烟消云散了。

由于"菜馆年夜饭"的影响不断扩大,整条太监弄美食街的各菜馆酒楼都有自己的品牌和绝活招徕顾客。苏州市饮食服务公司还不失时机地在太监弄搞起了"除夕宴民间表演"活动。各种披红挂绿的表演队沿街"漾"起了龙灯舞、荡湖船、跳加官、狮舞等节目。正当各家各桌年夜饭吃得上兴,酒酣耳热之时,太监弄里人舞歌扬,鼓乐齐鸣,一片欢腾。此时,所有菜馆临街的窗都打开了,来客纷纷探头争睹这"连台好戏"。难怪太监弄有不少菜馆曾反映订"年夜饭"的顾客中想"占据"窗口餐桌者居多,原因都是想吃饭看戏两不误。实际上,表演队也有让所有来客解"馋"的机会。荡湖船表演可"荡"到店内;跳加官中的财神爷也带着"金元宝"欢欢乐乐地来到众餐桌前向客人祝新春快乐,恭喜发财,并把内包巧克力糖果的"金元宝"撒向众客人。而得月楼等菜馆每年还有自己编排的娱乐节目回报新老顾客。

善于不断创新的得月楼菜馆,除了像在全市首推"菜馆年夜饭"这类服务外,近几年又不断推出富有地方特色的"糟系列菜肴"、'97金秋蟹宴、'98蟹节等美食活动项目。'97金秋蟹宴上,得月楼汇集海内外68种蟹品齐上餐桌,令苏州和各地顾客大饱口福。继'97金秋蟹宴后,1998年又隆

— 167 —

百年观前

重推出'98蟹节,并与"阳澄湖"蟹王有限公司签约,在店门口挂出"阳澄湖大闸蟹专卖"的牌子。得月楼菜馆自创建以来,以它丰富而美味的菜肴和独具特色的服务接待了包括意大利威尼斯市长、台湾作家三毛、泰国诗琳通公主等在内的千万中外朋友,为太监弄增光添彩。

太监弄,这条有着悠久历史并因美食而获得"吃煞"美名的小街,在90年代进入了辉煌的时期。这除了松鹤楼、得月楼等名牌效应外,又有1984年新建的"苏州常熟王四酒家",以经营常熟特色的"爠锅油鸡"、"桂花血糯"、"冰葫芦"、"鲜栗子羹"和苏帮菜肴为主。特别是那道看家菜"叫化鸡",味香肉酥,肥而不腻,令人慕名前来争相品尝。功德林素菜馆,以吴地的面麸、豆类、蕈、笋等素料为基础,制成各种特色素食菜肴,让顾客品尝。还有满福楼小吃园,将玄妙观经营百年的各种吴地特色小吃如鸡鸭血汤、豆腐花、生煎馒头、锅贴、海棠糕、梅花糕、馄饨、酒酿圆子、桂花糖芋艿、芝麻、玫瑰汤团、鲜肉粽等一古脑儿都拢入店内,经精工细作后重新端上台面任人选购、品尝。中西合璧风味的粤帮菜馆大三元酒家更注重气派和酒宴氛围,对于较大规模的喜宴或生日宴,都有铜管乐队在门前奏乐迎候,热烈欢快的中外名曲萦绕于楼厅内外和客人耳际,令人喜悦倍增,风光异常。

太监弄是热闹的。太监弄的传统美食和特色服务为苏州餐饮业的发展抹上了一笔重彩。

— 168 —

从牛角浜到皮市街

　　玄妙观的繁华热闹和风俗特色也影响了其周围的部分街巷。观前街、宫巷、太监弄等自不必说，即便像玄妙观东、西北两侧的牛角浜、皮市街等小街也受其影响，使这一带店摊汇聚，一些民间的玩乐相继兴盛，乃至成为繁华市场。

图 54　牛角浜街景一角（80 年代摄）

　　玄妙观的东北角，从旧学前进玄妙观时，人们看到一条弯似牛角的小街，叫做牛角浜（图 54）。清末民初时期的牛角浜一带，不像今天这样较为僻静冷清,那时这里曾十分热闹而嘈杂。

镶牙店与旧书铺

先说这牛角浜虽然弯弯不足百米,小店小铺却是一家挨一家,像是挤风水宝地一般寸土寸金。牛角浜店多但主要是两种店,一种是镶牙店,一种是旧书店。

镶牙店至少也有十来家。这是当时苏州城内镶牙最集中的地方。这可能因为玄妙观一直是各种民间杂货摊铺汇聚之地。镶牙毕竟不能与正规的牙医相提并论,这种镶牙术与当时玄妙观内那些卖拳头推销狗皮膏药的江湖郎中基本类似,所以镶牙店都集中来牛角浜也有它的道理。玄妙观的各种店铺一般来说是中下层的劳动者光顾最多,白相罢玄妙观,知道玄妙观附近有个牛角浜,那里镶牙齿镶得有点名堂,于是要治个蛀牙、镶个假牙什么的,那脚步就自然而然地往牛角浜拐。在牛角浜小街参差错落的镶牙店中,有家叫德记的镶牙店,三开间门面,大玻璃窗,在众多小店中鹤立鸡群,很气派。德记镶牙店拿手的是镶金牙,这也是当时最时髦的"牙产品"。旧时,黄金在人们心目中是富贵之象征,这金牙虽含黄金有限,但货真价实,张口就显"富贵",因此颇受青睐。当时常有不少乡村妇女,特地赶到玄妙观牛角浜来镶金牙,待回乡里后,能显其阔绰。镶金牙给镶牙店带来的利润十分可观,故牛角浜众多的镶牙店一时争做镶金牙生意。"牛角浜金牙"也渐渐成为苏州一些人生活中的话题。

牛角浜卖旧书的店铺,从牛角浜小街中段开始,东一家,西一家,断断续续,一直可以绵延到玄妙观的东脚门。二三十年代,苏州的新旧书店主要集中在观前街、护龙街(人民路)的乐桥一带。但那里都是出售版本考究、古本孤本等较高层次的旧书店。而牛角浜也是苏州当时旧书店铺集中的地方。牛角浜的旧书店铺有其特色,规模都不大,且都很简陋,店内放几个书架,摆放一些装帧较好、版本较少的古旧书籍,收购来的成捆旧书一般都堆在地上,绝大部分待出售的杂书则放在店内搭起的旧排门板上,任淘书者随意翻阅。这些杂书因长年搁在外面大多黄旧不堪,所以价格十分便宜。

　　牛角浜的旧书店也并不都是低档旧籍杂书,有部分书店例如育文书社、学海书林和靠西脚门的琳琅阁、百城耀记书店等,都具有一定品位。学海书林专营线装旧书业务,育文书社兼营旧书和线装古籍。高泳源先生在《漫记当年旧书肆》一文中记述了牛角浜一段旧书买卖的往事:

　　　　这里有三家旧书铺。"学海书林"应当算是历史最久的一家,清末俞樾为它书写的一块招牌可以作它的历史见证,白底蓝字,十分引人注目。根据招牌的年代,它的业务范围自然是古籍,看来口气很大,其实名实不符,书架上的收藏寒伧得很,或许它的黄金时代已经过去了。倒是南端转弯角上店主姓潘的一家,可说是三家之中的中坚,门面虽也一开间,但两壁书架上堆得高高的,可称琳琅满目。这里古今中外,网罗丰富,虽然其中中学课本不少,外文书籍中原版西书固然是凤毛麟角,

— 171 —

百年观前

难得遇见；但商务印书馆所出的，如《天方夜谭》、《莎氏乐府本事》和《伊尔文见闻杂记》这类西方文学原著，在架上却并不少见。由小木箱所庋藏的珍贵古籍摆在书架顶上，在这里身价特高，傲视一切。它常在店门口设一书摊，有时还在对面街边设立书摊，出售一般书籍和期刊等等。我曾在这里见到梁启超的《要籍解题及其读法》一书，认为是名家指导青年读我国古籍而写的一本入门书，以十多枚铜元的代价便买下了。从这里往南，隔两三个门面，再有一家，十分简陋，仅在一块铺板上，稀稀落落地陈列着二三十本书，有的还是薄薄几页的民间曲调。想不到就从这家极不显眼的书摊上，竟可买到原版英国小说，也可说是鸡窝里飞出金凤凰来了。

沙里淘金，牛角浜的旧书曾吸引过成百上千的淘书者。据说，有本迄今罕见的记载北宋已毁的大型天文记时仪"水运仪象台"的民国版《新仪象法要》一书，就是后人在牛角浜一带的旧书店购得的。不管此说真假与否，牛角浜的旧书店当时在苏州确有一定的影响。

算命骗术与其他旧俗

苏州人大多知道，从牛角浜出来向南即是玄妙观东脚门。东脚门边的财神殿至玄妙观底（牛角浜）的庙门口和通道两边，旧日一直是算命、相面、拆（测）字的集中地。常年在这一带经营这类骗钱生意的约有二三十人之多。1935年5

月 6 日《苏州明报》上有人撰文,称此处为"苏州的迷信线"。这些人在街上摆出桌椅,有的还设馆挂牌,吸引众多善男信女前往。

玄妙观靠牛角浜处有一家叫鸿运来的乌龟拆字,由于这乌龟测字只此一家,苏州人感到好奇,常来此一试。你戳不穿他那葫芦里究竟卖的什么药,看他算的有时还很灵验,生意一直不错。其实那乌龟壳内放了乌贼粉,事先用胶水写了字的黄表纸(字迹粗看是看不出的),放在乌龟壳中,摇上几摇,再抽出来,黄表纸上胶水写的字迹,沾上了乌贼鱼骨粉,就显露出来了。星相人士在江湖上混,各自都有一套骗术。当时玄妙观的算命测字摊上,常能看到那些取号"赛诸葛"、"小神仙"的人,都自称"能知过去未来,善断吉凶祸福",你若犹豫不决,他会信誓旦旦向你夸口:"灵不灵当场试验,准不准过后方知。"当时走江湖人中有这样的说法:"江湖一点诀,莫对妻儿说;若对妻儿说,饭都没得吃!"

从牛角浜向西,在弥罗宝阁废址(后建中山堂)一带,以后又延伸至西脚门诸茶馆门前,过去又曾兴盛售玩秋季鸣虫和斗蟋蟀。铜锅菱上市之际,正是金秋时节,野田一片秋虫唧唧。为赚几个零钱,近乡的农民不少都忙中偷闲,来往于丘野田间,捕得各种秋虫后挑担来玄妙观,有的甚至摆起了固定的地摊。出售的鸣虫种类繁多。自体积最小的金铃子起,有墨铃、黄铃、麻铃、金种以及大肚子蝈蝈。颜色有黄褐、黑、青及色彩斑斓者多种多样。藏虫器具也是花样百出。有 2 厘米见方的纸糊面盖玻璃盒,有长 6 厘米的长方形纸盒。有以牛角制成的圆形面盖玻璃盒,面盖小如铜钱,大如

— 173 —

百年观前

玻璃杯口;还有高达2寸之多的桶形牛角盒等。摊上的金铃子和蝈蝈供应最多。小孩一般最喜欢金铃子,价格又十分便宜,雌雄一对连盒仅售一文钱。买回金铃子放在袋中常能听到幽雅悦耳的虫鸣,所以有很多大人也爱玩这金铃子。玄妙观买卖金铃、黄铃的这股玩风一直断断续续,直至今日还未消失,市场也从玄妙观延伸向皮市街一带。

这"虫市"上还有一项使人痴迷的是斗蟋蟀。斗蟋蟀在苏州由来已久。文字记载最早见于唐代,盛于明代。《开元天宝遗事》中记载,"宫中秋兴,姬妾辈皆以小金笼贮蟋蟀,置枕畔,听其声",聊以慰深宫长夜寂寞。后来因听其声而观其斗,以至博彩输赢,传至民间,于是成为广泛的季节性活动。自宋以来,苏州玩斗蟋蟀已闻名遐迩,苏州楞伽山所产蟋蟀亦名扬天下,皇帝下诏给苏州知府要选贡蟋蟀。百官中,凡献一只优等蟋蟀者,即可早获升擢,一时成为仕进捷径,故当时吴地争购蟋蟀佳品者趋之若鹜。《吴县志》载:明宣德中,有朱钲抚者,进楞伽山名蟀"黄大头"而得宠,遂加秩。由于皇帝下诏征选苏州名蟀,顿使捕捉蟋蟀之风席卷苏城。明代文学家袁弘道曾记述此中情景:"七八月间,家家皆养促织,庭夫小儿群聚郊野草间,侧耳往来,面貌兀兀,若有所失者。至于涵厕污垣中,一闻其声,踊趣疾趋,如馋猫见鼠一般。"

历史上苏州的蟋蟀一直受宠,更加助长了后人喜好玩虫斗蟋蟀的风气。当时为满足玄妙观玩虫人的需要,苏州近郊的农民中专门有那么一帮人以捉蟋蟀为业。每逢深秋,他们常于黑夜在荒坟野丘或土墙河岸边捕捉蟋蟀,并将其一一置于自制的小竹筒内。白天,他们到牛角浜及玄妙观内摆地摊出售。这时,大人小孩围聚争购者甚众。出售者将竹筒内蟋蟀熟练地引出进入掌中的网罩内,任人挑选。蟋蟀的大小优劣其价格悬殊得很。虫身细小的,仅几文一只;虫身长阔、头大牙坚、双翅黑漆而有光、双须无缺者则属上品,索价可高达数元。这种蟋蟀并非儿童玩物,而是由大人购回后经过一番饲养培育,然后外出邀斗以显示其饲养之精品。更有不少玩虫者聚众好赌,拿上家中精心饲养的蟋蟀来牛角浜和玄妙观赌斗。牛角浜和玄妙观斗蟋蟀之风一直到60年代后期"文革"中还时兴。当时在牛角浜东侧街角和玄妙观三清殿北部的檐阶上,时有三五成堆的玩虫者聚在一起斗蟋蟀,也有一些人手提蟋蟀盆和袋游走于这一带寻斗,若听得有检查者要来,他们会迅速分散,聚集于异地继续斗虫。

位于玄妙观西侧的皮市街,80年代中期,逐渐兴起了花鸟鱼虫市场。这可能是受过去玄妙观内这类生意的影响。那时从因果巷到皮市街向北,花木店、盆景摊、鱼虫店、古玩店等等依次错落延伸,一片青翠葱茏,一派鸟语花香。这是苏州城内兴起的唯一一处花鸟街市。而牛角浜和玄妙观的这类摊市早已冷落多年,渐渐被老苏州们淡忘了。

花鸟虫鱼闹新市

皮市街这条直到六七十年代还是冷冷清清、平平常常的苏城小街,80年代新辟了花鸟市场后,这里一年四季逛游者络绎不绝,每逢节假日更是热闹非凡(图55)。这一点

百年观前

多少说明了我国改革开放后,人们思想解放,渴望工作之余的休闲、娱乐,养花玩鸟赏鱼,使身心与大自然相融的意愿。苏州人自古以来对怡心养性就十分讲究。人们逛皮市街花鸟市场,恐怕也是有意于此。他们在此选购苏派盆景,观赏金鱼佳品,挑选江南一带的笼鸟名种……也是人生一乐。

图 55　皮市街花鸟工艺品市场

皮市街的花鸟鱼虫店摊杂陈,给人印象较深的有那么几家。一家是专售各类盆景盆栽的,确切地说是一处盆景地摊。它位于因果巷向北的皮市街中段,朝西门面。摊主花白头发,清瘦儒雅,闲时坐在那里不声不响,碰上谈得来的盆景同好会娓娓而谈。后来得知,这盆景摊主就住在地摊后的那扇黑漆大门的院内。只要他那扇黑漆院门开着,便能见到院子深旷,院墙边山石叠嶂,数百盆大小盆景在院内参差堆放。苏州人真是深藏不露,表面上一点看不出来。这摊主的盆景是他亲手栽植嫁接,经数年精心培育而成。他出售的盆景一般有雀梅、黄杨、五针松、米叶冬青、枸骨、兰花、杜鹃等各种档次的花木树桩。其造型大多桩叉适体,弯曲有致。由

— 176 —

于是他自己栽培，且又有这临街的院子，各类盆景的数量也不少，故除少数极品盆景外，一般的盆景佳品售价并不太贵，少至十元八元，多至也不过百元。一些苏州盆景爱好者常喜爱去他那里购些造型奇特的品种。

图 56　皮市街盆景市场一角

　　皮市街有这么一位盆栽高手在这里练摊，围在他家院子前后的店摊也都活跃了起来（图 56）。如卖树桩、售花盆的乡人来摆摊要往他院墙的街沿边挤，摆奇石、卖珊瑚的也要将摊设在近旁，甚至那些兜售绿毛乌龟和鸽子的户头也来此凑热闹，有一阶段这一带成了皮市街花鸟的中心地。

　　盆景摊斜对面不远的一家观赏鱼小店，是又一家给人较深印象的商店。十来平方米面积的店面，上上下下搁满了鱼缸。店主是个大块头，嘴里常叼支香烟忙忙碌碌。可别小看这店主，他经营观赏鱼已十多年，对苏州培育的金鱼名种如数家珍。他说苏州金鱼在全国颇有名气，特别是以高头种类最具特色，如红帽子、紫帽子、虎头、花狮头、鹤顶红、绒球等都是苏州金鱼的佳品，色彩艳丽又给人雍容华贵之感。这

个大块头经常侃侃介绍苏州这些金鱼名种。他店里也同样
以高头种类的金鱼为主要特色。其价格比其他如珍珠、乌
龙、水泡眼等常见的品种贵些。虽然如此,但玩鱼玩得有一
定层次的人就好往他店里跑。谈起苏州养金鱼使人们不禁
想起城内最早的一家养金鱼专业户。那还是在五六十年代,
城东双塔南边的王长河头有家篱笆墙围绕的大院,养金鱼
的也是个大块头,院内有30多只大金鱼缸,还有一口古井,
每天早晚这大块头为金鱼捞虫换水,劳作不息,那苏州名种
虎头、绒球、红帽子等在他手下已培育得十分像样了。"文
革"初期的一年苏州发大水,王长河头一带地势低洼,那大
块头院里的金鱼都漂游了出来。这时城东有不少人上那儿
捞金鱼。从此以后这位养鱼人的情况就不得而知了。皮市
街这家鱼店在90年代初期还兼做热带鱼生意,这是由于这
些年来热带海洋观赏鱼发展势头很猛,逐步进入千家万户。
热带鱼体形更奇特,色彩更艳丽,大鱼缸内配上珊瑚、贝壳
和藻类植物后,群鱼穿梭,千姿百态,一幅美妙的海底世界
的图画活生生地展现在眼前。

再有一家是皮市街上的鸟笼店,开得也很红火。说是鸟
笼店,实际上除各种鸟笼外,鸟食缸、水仙盆、花盆架、蟋蟀
盆等都卖,还兼做古董生意。鸟笼店老板据说是浙江宁波
人,行内人常称呼他"老宁波"。这老宁波有市场头脑,意识
到皮市街花鸟生意兴旺,必然十分需要鸟笼、花盆等器具,
他做起这个生意是顺理成章的事。老宁波的鸟笼讲究质量,
多层次,销售多品种。他店内悬挂着的有方形、长圆形、扁圆
形、腰鼓形、六角形、三角形等各种造型别致的笼子;材料除

从牛角浜到皮市街

图57　皮市街的鸟市一角

竹质外,还有黄杨木、老红木、鸡翅木等。老宁波因为兼做古董生意,他店内还有几只清代的红木鸟笼,笼门框上雕花镂凤,鸟食缸、鸟屋配套齐全,那青花瓷鸟食缸精雅玲珑。清代鸟笼是古董,有很多收藏者都看中了它,只是老宁波要价太高,来者大多望"笼"兴叹。

鸟笼店的一般鸟笼都比较便宜,竹制的新型鸟笼或传统式鸟笼等,市场价格都在10元至50元之间。老宁波的鸟笼兼古玩店开在皮市街后,苏州过去一些做旧货古董生意的人觉得格调不错,也纷纷来此找一店面落脚。至90年代中期,皮市街上有近10家古董旧货店营业。这种思路后来使苏州形成了吴趋坊、文庙等古玩市场,为古城街市商业增添了雅致的一笔。

皮市街的花鸟市场经过十多年的运作,已在苏州古城确立了自己无可替代的地位,1998年底,在皮市街东南侧,一座总面积近6 000平方米,内有街中街的苏州皮市街花鸟工艺品新市场建成开业了。这是苏州观前街改造前的一个

— 179 —

百年观前

较大工程。新的皮市街花鸟市场开业后,作为周边街巷,为改造后的观前街、玄妙观重新带来商业繁荣,形成玄妙观四周特有的文玩雅趣的环境奠定了基础。

皮市街花鸟工艺品市场落成不久,就先后有500多家客商相继进驻。过去苏州那些花鸟虫鱼的经营者亦纷纷入市设摊。进入市场大门,两侧的花卉、盆景、盆缸、几架摊位,鳞次栉比;时令花种艳丽多彩,树桩盆景婀娜多姿。靠东南角的一大片是鸟市和鱼市。鸟市中秀眼、画眉、芙蓉、娇凤、八哥、百灵、虎炼等数十个品种的观赏鸟任人挑选,鱼市的观赏鱼类主要是金鱼和热带鱼两大系列,还有各种宠物、乌龟等。街中街北端那一片是古玩玉石门市,苏州部分古董、工艺品商贩都在这里租店设柜,明清民窑瓷器、文房用品、竹木牙角雕、红木小件、宜兴紫砂壶、翡翠玉饰等工艺品新老掺杂,若想淘购到货真价实的藏品文玩,就全靠你自己的眼力了。

从牛角浜到皮市街,近百年玄妙观历史风雨变迁中的一条曲线,仍魂牵梦绕地系着它的昨天、今天和明天。

观前商业文化

商业文化是一个大题目。凡是商业都有它的文化内涵。在这里我们只能采撷观前商业文化中的一小部分说一说，算是观前商业文化的选萃吧。

观前很多商业经营活动，其中蕴含着浓郁的文化味，有的还是专门从事文化商品经营的。这样，观前的商业年复一年地蓄积着这座文化古城的底蕴，使之渗入苏州商业的方方面面。

茶馆、艺摊有雅兴

在观前的历史上，在初期的商业文化活动中，最能显现文化味的大概要数在玄妙观那些围场卖艺的杂技班和戏班了。据记载，玄妙观于清道光年间就已有围场卖艺的摊肆，而且一直延续不断发展。三清殿后的大片空场地上经常有苏北、山东、河南和两淮等地的杂技班子与戏班租用演出。上演节目有"走钢丝"、"高空翻滚秋千"、"驯蟒蛇"、"猢狲出把戏"、"高空车技"等。露天戏班子有淮剧、豫剧、锡剧、越剧,还有露天说书、唱"小热昏"等。围场卖艺的露天戏台由于费用开支小,卖艺人又多系草台班子,节目自编自演,所以每次演出票价均很低廉,适合大众消费。另一方面,这些来玄妙观靠演艺挣钱的民间江湖艺人长期摸爬滚打在生活底层,他们所编演的节目大多有着浓郁的生活气息,且常有绝技险招亮相,因此颇受观众欢迎。

围场卖艺长期不断的演出,使这些露天戏台的喧闹活跃场面推动了其他曲艺剧种在玄妙观的繁兴。比如,玄妙观关帝殿内有"道和俱乐部",这是一个昆曲业余研究组织。江南一带昆曲艺术的爱好者,大都是该俱乐部的成员。其中有著名昆曲票友张紫东、贝晋美、彭嘉滋、吴迪刚、徐印若、余积余、童伯章等人,另外还有著名昆曲演员沈斌泉、吴义生等人。票友们常于午后汇聚一起,吹拉弹唱,或叙谈闲聊。有时一些专业演员还辅导大家排戏。民国之后,京剧不断发展,电影、文明戏、独脚戏、越剧等新剧种也勃然兴起,昆曲却因曲高和寡开始衰落。但是,"道和俱乐部"的活动始终未中断,成为江苏省唯一能坚持活动的昆曲团体。部分专业演员还以此作为生计。"道和"培养出"传"字辈一代艺人,为昆曲的传播打下了根基。

观前的茶馆也是观前商业文化最初的活动场所之一。苏州人素来有沏茶品茗的传统习俗。"苏州好,茶社最清幽。阳羡时壶烹绿雪,松江眉饼炙鸡油,花草满街头。"唐代诗人白居易开凿山塘河、白堤(今山塘街)因游虎丘的人一路络绎不绝而渐成酒楼茶馆聚集之地。明清以来，苏州观前地区的茶馆亦十分兴盛。著名的有三万昌、雅聚园（后改名"品芳"）、玉露春（于北伐前歇业）三家。玄妙观 30 年代设立小菜场后，靠边开了一家春苑。正山门后御道两侧有第一蓬、第二蓬、第三蓬三家茶坊。观前街东的云露阁，为清光绪后期开设，地址在洙泗巷口（今中国银行），是苏州当时名茶馆之一。观西有汪瑞裕（今春蕾茶庄），茂苑在山门口（今儿童用品商场楼上），蓬瀛、彩云楼在察院场口（今"地下过道"前的广场上）。宫巷内有桂芳阁、小如意、聚来厅（今城中饭店）三家。北局有清风明月楼，太监弄有怡和园，后改为吴苑深处。

苏州茶馆的一大特色就是有"茶会"。《吴门表隐》载："米业晨集茶肆，通交易，名茶会。娄齐各行在迎春坊，葑门行在望汛桥，阊门行在白姆桥及铁铃关"。不仅是米业，其他各行各业也都有茶会，甚至各种人物都有聚首的固定茶馆。观前地区很多茶馆的"茶会"都不断进行着各种形式的商业性文化活动。如彩云楼茶馆，当初是苏州象棋棋会之地。玉露春茶馆（创于清末）在秋季是斗蟋蟀的聚集之地。各式蟋蟀玩客总是集中来此边喝茶、边斗虫，热闹起来时常常人声鼎沸，一派喧嚣。玄妙观前的茂苑茶室，是鸟市一角，不少好鸟常被茶客带进茶室内比试争鸣，茶室内鸟声婉转，倒别有一番情趣。肖家巷口的金谷，则是苏州各处围棋名手云集交锋之处。

苏州的茶馆虽都以卖茶为主，但伴随品茶的文化活动却是多种多样的。其中一个比较普遍的情况是茶馆兼营书

— 183 —

百年观前

场；少数还是专营书场，不卖茶的。苏州的茶馆兼营书场，自清道光年间起达40家之多，经常演出的有10多家。最负盛名的是地处观前闹市中心太监弄的"老意和"、宫巷的"聚来厅"、肖家巷口的"金谷"、皮市街的"隆畅"，此为清代苏州书场的四大台柱，可容纳听众三四百人，且都专门聘请名家响档演出。听书在当时苏州是一项很普及的娱乐活动。茶馆兼营书场是茶馆的一项重要收入。茶馆兼书场一般夜场开书。开书前，茶馆派人呼喊听客，如三万昌茶馆的职工站在门前高喊"开书哉"，并手提灯笼行走在附近的大成坊巷、乔司空巷一带，边走边喊"要开书哉！"等回到书场门口，正好开书。当时书场泡茶用茶壶，并备有一个小杯。书场职工在小落回间歇中冲茶绞毛巾，服务十分周到。小落回前后，收书筹，收茶壶、茶杯。来听书的很多带上灯笼，挂在书场门口横竹竿上，将要落回时，书场职工就点亮灯笼，方便听客。

当时，听一场书连加茶钱约7～8个铜板，后来增至10～12个铜板。小型茶馆除作书场外，还有卖茶收入。虽然一天营业收入有限，但所用艺人和职工不多，收支相抵，略有盈余。

茶馆兼营书场最大的好处就是无须多投资即可得益。因此苏州一些较大的茶馆一时竟相效仿，开出颇具规模的茶馆书场。每天早上卖茶，下午和晚上说书。上座率高时以书场收入为主。也有全天卖茶，另附设书场。建于清代的苏州最大的茶馆书场在观前太监弄内，起名"老义和"；清光绪年间，"义和团"运动平息，场主为避嫌而改名为"老意和"。1911年，苏州巨富天官坊陆冠尊家接办"老意和"，改名为

— 184 —

"吴苑深处",简称吴苑。它是苏州茶馆书场的典型代表。乡绅、名流、文士和商人常常在此聚会。场主为将这茶馆书场办出名堂,提高声誉,演出一般专请评弹名家、响档来场献艺,无名的艺人难以进场。"吴苑深处"的堂倌对听众的服务也特别周到,送茶、送毛巾常常忙得不亦乐乎,中间还见缝插针地帮着代买点心,如小笼包、汤包、生煎馒头、焐熟塘藕等,送至座位上,使听众边吃边听,味道更浓。

茶馆兼营书场这种形式给苏州观前地区最初的商业文化带来了兴盛。以致 30 年代末,苏州市区一些大旅馆的老板争相将旅馆大厅进行改建以兼营书场,借此多获盈利。此类书场又称为旅馆书场。如 40 年代有位于察院场的"中央书场",观前街的"中国书场",阊门外的"东吴书场"、"三新书场"等近 10 家。茶馆、旅馆兼营书场也给苏州的评弹艺术多方面提供了"英雄用武之地",使评弹事业出现了繁荣。

旧时百肆林立的观前,虽然吃、穿和供娱乐的店肆楼馆占据多数,但经营文化用品的商家也有不少。如牛角浜和玄妙观的"学海书林"、"小说林"、"文怡书局"等旧书铺及书店,观前街上专营笺纸、扇面和文具等物的陆益元堂笺扇庄,山门巷的东来仪纸号,专营各种毛笔、画笔的张文裕堂,设在宫巷的金美钢笔商店,西脚门的新生图书文具社,苏州解放时就落脚观前街的新华书店,80 年代迁来观前的苏州艺石斋——桃花坞木刻年画社,观前街西端购物中心内的吴门画廊、吴门文物商店等等。这些相继在观前地区经营、发展的商家,以各自浓郁的文化色彩和一系列商业活动使观前商业的格局和样式,显得更为斑斓多彩。

— 185 —

百年观前

陆益元堂与东来仪

清末民初,地处观前街之西有一家笺扇庄叫陆益元堂。虽说是笺扇庄,但经营范围并不只限于笺纸和扇面之类的文化和生活用品,它还包括大部分的文具用品和装裱业务,甚至还有代求名人字画、刻板印刷制笺等多种服务。

古城苏州自古多书香门第,这些世家子弟大多从小在艺术熏陶中学得琴棋书画,特别注重能写一手好字。为求高雅,对文具笺纸的选择要求甚高。一般的用品总被视为有匠气、匪气,嫌其粗俗。为适应这种要求,陆益元堂笺扇庄内制作或经营的产品精致而高雅,质量一流。虽然价格贵些,但深得苏州文人雅士的青睐。如这里常出售精雅的湖笔就有"珠圆玉润"、"净纯紫毫"、"净纯羊毫"和多种"兼毫",还有上品的安徽宣纸、端砚等,各种各样的文具则有调色盘、笔洗、竹刻笔筒、搁臂、笔架、徽墨等等。那年代,一件好的文房用品是馈赠亲友、官场礼仪往来或留作收藏欣赏的佳物,故十分受人珍视。陆益元堂笺扇庄看准了这些文化消费人士的心理,不失时机地推出一些别出心裁,并具有较高艺术含量的文房用品,以吸引顾客,提高声誉。彭望立先生在回忆儿时所见的陆益元堂笺扇庄著文中有这样一段文字很能说明问题:

这爿笺扇庄,不惜重金,从各地罗致名匠高手,刻铜的、刻竹的、刻牙的……各擅其长。陆益元堂曾经售

— 186 —

一批珍贵的云南白铜墨盒,因为他们拥有刻铜名匠,虽价格奇昂而自有肯花钱的买主。母亲用的一只白铜手炉,有了他们的那位名家在炉柄上的镌刻,一时成为亲友间传观的珍品。父亲有一位来自边远的友人。他送父亲一对云南白铜铸成的镇纸,作七弦古琴型。七根琴弦刻丝逼真,琴柱嵌入有色的它种金属,大小形状按实物比例,不差分毫。这位友人,把它带到苏州辗转找到陆益元堂刻铜的工匠,由他镌刻了上下款及纪念性的文字,郑重地赠送给我父亲。陆益元堂售品搜罗之广,令人惊异。只说大小齐备的铜笔套,据店伙介绍,用这种笔套,笔锋既不受损,十天半月不用,拔出笔颖依然润湿,可供挥洒。此言不假。一般笔套无此特异功能。又有一种用紫铜所铸的弯柄小匙,那是放在水盂里的小玩意。他们制作的这种小匙,盛满勺而不溢,水珠如堆在匙上,注入石砚,毫不泼洒。那年代,读书要圈点、句读,书斋常备一种白色的朱砚,陆益元堂的备货中,连用以磨研银朱的白芨,都配齐供应,其服务堪称周到已极。

陆益元堂笺扇庄经营之所以搞得活跃,是他们推出的文化用品丰富多样且又适销对路,质量高还颇具书卷气,加上老店优质的售后服务,使旧时苏州众多文化人士都在这里得到收获和方便。陆益元堂的经营一直持续到苏州解放。

与陆益元堂笺扇庄同在观前街的东来仪文化用品商店,是由观前街的三家老店组成的。即东来仪纸号、陆益元堂笔庄和文怡书局(图58)。

图58 东来仪文化用品商店

1935年9月16日,观前街山门巷新开了一家规模不大的零售纸店——东来义纸号,店主姓王。没多久,东来义纸号转给了一位徐姓人氏经营,店名由"东来义"换为"东来仪"。后来,店址迁到了观前街洙泗巷口,东来仪的业务也由徐姓大房的长子徐梓青接手经营。

东来仪当时以小本经营起家,主要是立足本店以零售为重点,靠多品种和特色服务与苏州纸业大户同泰生、芝兰堂、义丰慎等竞做生意。东来仪将中西纸货、简贴账簿、立轴喜幛、绫锦裱衬、文房用具等均拢括在自己的经营范围之内,并根据客户需要,由店员长年送货上门。还开辟前店后坊,自印中式账册,自产自销。

据史载,在观前街的纸号中,1942年东来仪的资本额、营业额仅次于中兴纸号,居老二的位置。1948年7月《吴县纸商业公会会员资本额清册》中,东来仪已与中兴并列,同

— 188 —

观前商业文化

排首位。1946年,吴县商会公会所列著名商号中苏州纸号仅两家,东来仪的店名排在芝兰堂的前面。

解放初期,东来仪因洙泗巷口的门面狭小,于是将店搬迁至观前街玄妙观东脚门对面。1956年,苏州文化用品全行业实行公私合营时,东来仪的规模已居全市纸号之首。当时,经营机制纸的东来仪、大昌振记、鸿泰生、大伦、惠大、公大、源大生等7户并入文具业,由市国营文化用品公司统一规划网点和实行经济改组。

解放初,苏州的文化用品行业由新书、旧书、笔、墨砚、文具等组成,称为图书文具业。文化用品处于新旧交替的历史时期,文房四宝逐渐成为文化艺术界的专用工具,钢笔、墨水、蜡纸、复写纸等新式文具成为人们工作和学习的重要用品,被广泛采用。新式文具的热门商品如金笔、蜡纸、钢板、铅笔等一般来源于上海等地,本地制造的文教用品有粉笔、蜡笔、笔尖、笔杆、钢笔及零件、算盘、棋子、裱画、牛角作等。特别是1958年苏州市大办工厂以后,由作场合并新建了不少小文化用品生产厂。发展到60年代,苏州生产的小文化用品已闻名全省,有不少新型的文化用品不仅能自给自足,还批量销往全国各地。

1963年,观前街上有东来仪、陆益元堂和文怡三家文化用品商店。当时,东来仪的营业额是陆益元堂和文怡两家零售总和的两倍以上。1967年,陆益元堂和文怡并入东来仪(全称为东来仪新文化用品商店),组成了苏州历史最长、规模最大的文化用品专业商店。其间,东来仪营业大楼进行过三次扩建翻修。1985年9月20日,东来仪新楼落成开

— 189 —

百年观前

张,沪上著名书画家王个簃先生为其书写了"东来仪"牌匾。新建的东来仪文化用品商店经营品种更加多样化,除各种纸品、小文具用品外,诸如当代流行的各种电脑笔记本、多功能记事本、高档相册、名片册、集邮册、电子计算机、打字机,甚至一些教育玩具、专业体育用品等都在经营范围之内。这样,东来仪文化用品商店生意越做越广,直到今日,仍是观前地区最大的文化用品专业商店。

流连新华书店

旧时,苏州古城的护龙街、乐桥、景德路、玄妙观、牛角浜以及观前街等都是旧书铺、书摊和书店集中的地段。观前和玄妙观内外也因为书摊书店集中,来逛观前、白相玄妙观的人中,总有一些喜欢淘旧书的徜徉在这些地方,把它们作为精神乐园或是寻珍觅宝的福地。解放后,观前街、玄妙观的旧书摊逐渐消失,取而代之的是苏州最大的书店——新华书店的开设。

解放后的苏州,书籍刊物基本上已无个体经营。图书统一由国家新华书店发行经销。苏州新华书店建店初期的发行网点,除利用私营书店,成立公私联营的"苏州图书联合发行所"外,同时依靠社会力量在城乡建立代销处。在对私改造后,通过建立特约经销关系、改组等方式,开展图书发行工作。1952年,苏州新华书店开始设立自己的门市部,后又将部分门市部改为专业书店。

80年代以后,苏州新华书店的网点不断扩大,如地处

观前商业文化

观前街的观前书店、少儿音像美术书店,地处石路的石路书店、胥门的胥门书店、南门的外文书店、人民路的古旧书店,还有马医科与东环路先后设立的图书批销中心,人民路吉由巷口的音像制品发行部,观前街的科教文服务部,以及火车站、彩香新村、浒关等门市部。

苏州的很多淘书迷一定不会忘记,70年代末,经过"文革"动乱的中国百废待兴。这时期,一大批中外名著开禁出版。像中国读者早已熟悉的外国名著《茶花女》、《红与黑》、《牛虻》、《莎士比亚戏剧集》、《唐·吉诃德》、《莫泊桑中短篇小说选》、《高老头》、《基度山恩仇记》、《死魂灵》、《钢铁是怎样炼成的》等等,中国古典名著《三国演义》、《西游记》、《儒林外史》、《三言二拍》、《红楼梦》、《封神演义》、《西厢记》等一大批热门书籍上柜供应。苏州新华书店一时成了苏州广大书迷心中的"宠儿"。大家如饥似渴地天天跑书店,经常早早地排起长队等开门。新华书店的新书炙手可热,很多人还千方百计托着关系要书店留书。当时有几个痴迷至极的藏书者,他们每得到一条书店要售新书的消息,总是天不亮就来排队,排在前几位,唯恐这一轮新书买不到手。这些人平时节衣缩食,书来了,借钱都要去买。苏州新华书店当时的营业厅和仓库面积都不大,有相当一部分开禁重版的新书都放在暂时借作书库的玄妙观三清殿内。有一阵子售书就干脆在三清殿门口进行。苏州书迷得知后,又纷纷来三清殿轧闹猛,围着三清殿排长队。这一阵,玄妙观的茶点、菜场早市已远不及购书的市面热闹了。

1978年,苏州新华书店重新建造了1 300多平方米营业

— 191 —

百年观前

面积的大楼,一、二层楼全部经营各类图书。这个规模,当时在沪宁线上除上海之外是最大的(图59)。

图59　苏州新华书店

图书是一种特殊的商品,苏州新华书店的经营人员在做好图书营销工作的同时,十分注重其社会效益。从1986年开始,苏州新华书店开始举办了一系列有关图书的大型文化活动。1986年金秋,苏州新华书店举办的第一届苏州书市隆重揭幕。当时,苏州新华书店及所属的全市各图书网点一同推出数万种新书,并首次实行图书开架式服务。这一举措当时在全省新华书店中尚属首次。

苏州新华书店每年一届的金秋书市自1986年开始至今,屈指算来已举办了12届。书市先后推出全国百余家出版社的最新读物数万种。书市期间,全国各地著名作家、知名人士叶永烈、叶辛、苏童、王小鹰、沙叶新、洪丕谟、范小青、杨澜、赵忠祥、倪萍、孙道临、曹可凡、姜昆、敬一丹等都先后应邀来苏为热情的读者签名售书。特别是在人们心中颇具知名度的节目主持人赵忠祥、倪萍、杨澜以及名演员孙

— 192 —

道临、姜昆等来书店签名售书期间,那一条又一条等候签名的长队屡屡掀起苏州读者购书的高潮(图60)。

图60 书市期间作者应邀为读者签名售书

新华书店大型书市中的签名售书活动虽然是当今的一种商业行为,但这种商业文化式的操作使名家与读者有更直接的交流,产生思想的沟通,其效果更为显著。

每年一届的书市还带动了其他多种形式的展览、展销等活动。例如新华书店从1990年开始举办不定期的少儿读物音像博览会,基本上每年"六·一"节都搞少儿图书展销。在书市和少儿书展的基础上,从1994年开始,新华书店又相继推出每年一届的科技书展。

在新华书店这些年的书市展销与多项活动中,还有一项引人注目的"姑苏藏书家庭评选"活动搞得颇具声势。

"姑苏藏书家庭评选"应该说是个金点子。文化古城苏州自古人文荟萃,读书习画气氛颇浓,且又喜好收藏。近几年来,苏州人好读书、好购书、好藏书的势头有增无减,人均

— 193 —

百年观前

购书额连续多年全省第一,在全国同类城市中也一直处于领先地位。

1995年秋,当苏州新华书店"首届姑苏藏书家庭评选"的通知公布后,全市书迷反响强烈。按通知要求,任何一个家庭,只要藏书数量在2 000册以上,均可报名参评。评委会根据个人填表申报情况,组织有关专家实地检查评估,根据家庭藏书数量、质量、特色、品位以及陈列布置和使用成果等项目,进行综合考评确定入选者,最后评出"十佳藏书家庭"10名。评选期间,藏书家庭的参评者中有来自各个阶层的教师、干部、工人、编辑、医生、职员等,绝大部分人的藏书远远超过2 000册,且有不少藏书品位高、藏书质量好的家庭。评选中,令人惊叹和感动的事也有不少。如有一藏书家庭,户主朱某是一家小厂的工人,平时生活较为困窘,家中没有一件像样的家具,但家中藏书却达7 000余册。评委们上他家检查评估时只见屋内四周、床上、地下堆的尽是书,人好像睡在书堆里一样。像朱某这种工人家庭喜爱购书藏书的在苏州并不少见 。而教师、干部等队伍中的藏书者则更多。苏州新华书店最后评选出了"苏州十佳藏书家庭"。1997年,"第2届姑苏藏书家庭评选"又由苏州新华书店继续举办,参加人数较之上届又有增加,其范围也扩展至各郊县市。最后评选出的"十大藏书家庭"和"十个优秀藏书家庭"中更增加了农民和手工业者等藏书迷。在第2届藏书家庭评比中,大部分人的藏书量达5 000册以上,而且各有所专。如有专门收藏苏州地方史资料的,有专门收集各种地图和地理类书籍的,也有专门分类收集世界和中国古典名著

— 194 —

的等等,总的来说是偏重文、史、哲方面的图书收藏。

苏州新华书店活动越搞越丰富,发展也越来越快。继在市东郊参与投资建造了华东地区规模最大的图书批销中心后,新华书店在市委、市政府的支持下,将在观前街老店原址上翻建起一座营业面积4 400余平方米的新大楼,加上旁边的附楼,总面积有7 700平方米。营业大楼实行开架式服务,现代化电脑管理,购书环境将焕然一新。

工艺奇葩桃花坞年画

桃花坞木刻年画是苏州工艺的一朵奇葩。1986年,苏州桃花坞木刻年画社与苏州艺石斋合并成一套班子后迁址于观前宫巷。这样,从80年代中期至90年代末的14个年头里,苏州桃花坞木刻年画社与苏州艺石斋共同发挥着自己的传统工艺特色,也繁荣了观前地区的商业文化。

宫巷中的艺石斋店面宽敞,店内经营着各地生熟宣纸、扇骨扇面、各类砚石印章、毛笔、红木小件以及碑刻拓本、国画等。"艺石斋"者,顾名思义是艺术与石头相关之所,这里向来以篆刻与碑刻为业(图61),兼营文房四宝,吸引着海内外书画人士,生意颇为兴隆。

说到印章与苏州篆刻,吴趋先生在《吴门篆刻和碑刻》一文中作了介绍:

印章字体多用篆书,亦称篆刻。起初仅用以取信,后来文人画兴,引首、押脚等词句闲章日益增多,由此

— 195 —

百年观前

兼实用与欣赏双重性能，与书画并列，跻居艺林。古代印章多以金玉铸凿而成，偶有石章。自元代王冕创用花乳石治印后，因奏刀甚便，石章勃兴。明清以来，百家腾跃，众流争响，刻印艺术则焕乎为盛。苏州篆刻，源远流长而别树一帜。明代吴宽、沈周、文璧、唐寅诸书画大师均善治印，尤以文璧的长子文彭的造诣最高，冠盖当时，为一代宗师，誉为"印家之祖"，影响非浅。

图 61　艺石斋的石刻

　　因袭苏州篆刻的历史传统，吴中治印经不断实践而发展。也有设店经营的，二三十年代比较著名的篆刻店铺有寿石斋与寒月斋两家。寿石斋于清末民初开设于护龙街嘉余坊口，店主周梅谷。他治印得力于吴昌硕，又擅长制作仿古铜器、碑刻、象牙章刻诸艺。寿石斋开设时期，众多工

— 196 —

商界人士纷纷慕名来请他刻制私章，盛极一时。另一家寒月斋于1937年开设于护龙街马医科口，斋主张寒月。他擅汉白文，是吴昌硕的入室弟子，并一直以篆刻为业。解放后，苏州工艺部门在此基础上开设了"艺石斋"，以印制、研究和经营碑帖，印石篆刻为主。

宫巷内，苏州桃花坞木刻年画社与艺石斋同在一幢大楼。苏州桃花坞和天津杨柳青，是我国南北两大年画产地，素有"南桃北杨"之称。水乡苏州物华天宝，人杰地灵。自古雕版印刷技术发达。自宋及清，戏曲杂剧和绣像小说的勃兴，使用于插图的木刻画和雕版技术更见发展。清朝雍、乾年间，这类"姑苏版"的木刻年画达到全盛时期。在山塘街及阊门内桃花坞一带，集中了约有四五十家画铺，每年产量多达百万张以上，作品传布于全国各地，甚至传入日本，给日本的"浮世绘"带来相当的影响。当时，桃花坞木版年画的代表作品有清雍正十二年(1734年)的《姑苏阊门图》、《三百六十行》，清乾隆九年(1744年)的《姑苏万年桥图》等，作品描绘了姑苏城阊门内外、万年桥一带，商业繁荣、商贾云集、百业兴旺的热闹情景，同时也展现了江南水乡名城苏州的风物清嘉，人文荟萃。如此构思巧妙、场面宏伟、精雕细刻的年画作品，是苏州木版年画的传世佳作。

桃花坞木刻年画善于从现实生活中发掘主题，通过提炼和夸张，巧妙地以寓意、象征的手法进行表现，富有浪漫主义色彩。桃花坞木刻年画的构图一般比较丰满均衡，画面重人物刻画，色彩多以成块面的大红、桃红、黄、绿、紫和淡墨等六种基调，对比强烈鲜明，颇具装饰性。在制作上，它不

— 197 —

百年观前

采取先用木刻印出轮廓,再用人工填色的方法,而是完全采用木版套印,一版一色,体现其木味和刀味。桃花坞木刻年画所表现的内容主要以吉庆如意、纳福迎祥、扶正驱邪,和戏文故事、风俗时事为重点,风景名胜、仕女娃娃、花鸟走兽、神仙鬼怪等其他内容也占有一定的比例(图62)。

图 62　清代桃花坞年画《姑苏玄妙观》

桃花坞木刻年画自清道光、咸丰以来逐渐衰落。到了抗战前期,苏州的年画铺仅存三家,也不再创制新稿,仅以刻印门神、灶君、冥钞等迷信品度日。新中国的成立,使古老的木刻年画获得了新生,并得以发展。1956 年,苏州成立了桃花坞木刻年画小组,对历代散佚的木刻年画资料进行系统整理并创作出一批新稿。1958 年,老艺人叶金生刻出一套《水浒页子》,得到国家领导人的重视,并被外交部列为国家礼品,赠送国际友人。另外,如《爱劳动、学文化》、《巩固祖国

— 198 —

观前商业文化

国防,保卫世界和平》、《钢花怒放》等新作品,都具有鲜明的时代特色。80年代以后,随着改革开放的深入和人们审美水平的进一步提高,创作人员对桃花坞木刻年画继承与创新作了进一步探索,一批内容新、形式新、手法新的民间木版新年画脱颖而出。例如,反映江南农村在改革开放以后一片崭新面貌及美满生活的组画《水乡新貌》、《赏新灯》、《果熟时节》、《菱塘细雨》、《桑园新绿》、《渔家乐》等,反映江南民俗的《苏州民俗博物馆》、《盘门图》、《水乡元宵》等,反映计划生育的《只生一个好》,反映苏绣的《刺绣姑娘》,反映水乡风光的《水乡金秋》、《寒山寺图》等,这些作品集时代特点与民族形式、民间风尚于一体,富有浓郁的生活气息,深受专家及群众的喜爱(图63)。作品多次参加全国各种展览,《比绣艺》、《水乡四季图》、《水乡军民战洪水》、《水乡元宵》年画分别在全国第三、第四、第五届年画评奖中获三等奖、二等奖和一等奖。

图63　当代苏州桃花坞年画
左　刺绣姑娘　张晓飞作
右　菱塘细雨　王祖德作

百年观前

　　蜚声于海内外的苏州桃花坞年画虽然最初兴盛于苏州冯桥、山塘、阊门一带,但观前地区始终和它有缘分。二三十年代玄妙观三清殿内的画张铺上,印刷的年画像挂帘子一般密密麻麻地悬挂着,有些还在殿内自画自销,成了苏州销售年画的主要场地之一。80年代中期,自桃花坞木刻年画社迁入宫巷后,观前就成了当代桃花坞年画的新基地。这些年来,桃花坞年画除了以它浓郁、鲜明的民族特色深受国人喜爱外,也以它特有的东方艺术形式受到世界众多国家和地区人民的普遍赞誉。

苏州购物中心的"雅文化"商品

　　进入90年代以后,苏州观前地区的各大百货商场在搞好日常百货销售的同时,都相继摸索着开辟"雅文化"商品专柜,或设立经营部门,专门将"雅文化"商品推向市场。所谓"雅文化"商品,对百货商场而言主要是指那些古今名家书画、各类精品图书以及各种文物古玩等等。例如,近几年来观东的长发商厦开辟了精品图书超市,观中的华联商厦开辟了儿童图书商市和"博雅"画廊,观西的第一百货商店开辟了大型书画廊和"贾平凹书屋",工业品商场与购物中心则开设了"吴门艺苑"画廊和"吴门文物商店"等等。在这几年各商场热热闹闹开辟文化商品经营阵地的举措中,购物中心开设的"吴门艺苑"画廊和"吴门文物商店"成效最显著,影响也最大。

　　苏州购物中心的"吴门艺苑"画廊成立于1993年(图

— 200 —

观前商业文化

64）。如今，经调整和扩展，于1998年4月新辟近300平方米的"吴门艺苑"画廊和300余平方米的"吴门文物商店"，各自独立经营各类书画、文物古玩艺术品。

设立在苏州购物中心四楼东南侧的"吴门艺苑"画廊雅洁亮丽，各地名家的山水、花鸟和人物画精品悬挂于画廊四壁，气息高雅。画廊前的柜架上摆满各地画家的画册、书籍、明信片以及文房用品，供人们在观赏之余选购。

图64　吴门艺苑画廊一角

作为营业性的画廊，"吴门艺苑"以有组织地进行定期展销为主，每隔半月就搞一次名家画展，着重推出苏州地区画家作品，也容纳全国各地画家作品进场。画廊自1998年开办以来，就先后推出苏州及各地知名画家的国画、油画、水彩画、版画等系列画展近30场。1998年8月，"吴门艺苑"成立了"中国美协苏州创作中心"。这是国家美术权威机构首次在苏州定点的一个创作基地。这对推动苏州地区书画的创作及收藏、经营都有很大的促进作用。据了解，中国

— 201 —

百年观前

美协近年来共在全国设立八个创作中心（基地）。之所以把苏州也选为一个点，一是因为苏州的江南水乡特色鲜明，易于画家写生、创作；二是苏州购物中心的书画经营已运作多年，基本具备了为全国美协众多专业画家深入生活、创作、交流牵线搭桥的条件。中国美协现有全国会员6 000多人，创作中心的建立使全国会员能够有组织、有选择地深入生活。另外，苏州购物中心"吴门艺苑"作为中国美协创作中心的一个基地，全国各地画家的画作精品都可以通过画廊进行展销、交流，也为苏州广大书画爱好者提供了一个观摩、选购、收藏的机会。

苏州购物中心"吴门艺苑"自1998年8月成立中国美协创作中心以来，已先后举办了全国著名画家刘大为、刘国辉、孙克、冯远、王晋元、赵奇、赵绪成、董小明、冯今松、王玉珏、王迎春、王明明、赵振川等20余位作者的画作展，反响热烈，效果显著。

"吴门艺苑"虽然是商业性画廊，但它十分注重艺术标准和社会效益。作为苏州观前地区一处文化艺术的"窗口"，为苏州和各地书画爱好者开拓了艺术视野。"吴门艺苑"画廊的开放时间较长，主要的"市面"在晚上做。广大书画爱好者白天上班忙，晚上休闲散步来购物中心，画廊中灯光明亮，各类画作争奇斗艳，人们徜徉观览，即便不买也无妨，同样得到陶冶和艺术享受。据画廊负责人介绍，苏州有很多书画爱好者都熟悉这里，星期天家长带孩子来看画展的特别多，老年书画爱好者也很多，不少中青年是画展的常客。

这几年，随着书画艺术逐渐与市场接轨，众多画家把目

— 202 —

光转向了国内经济发达的大中城市,商场的画廊是销售画家作品的主要渠道。"吴门艺苑"画廊根据苏州藏画爱好者中不同的消费层次,制定不同档次画作的价格。改革开放后,人们生活水平不断提高,就书画而言,除了部分企业家购买作为礼品外,个人收藏也日趋增多。还有的作为新居装饰,赠送亲友。外籍游客购中国画者也不在少数。

高档画作有人收藏,中低档次的画作收藏者就更多。一般来说,不论价格高低,来画廊办展的画家都会拿出他们的精品画作,因此可以说,在"吴门艺苑"画廊选购书画应该是物有所值。这几年,画廊在推出各地画家画作展销的同时,还推出各种画册,为购画的顾客定做画框、装裱、代刻印章,定期举办绘画书籍展、美术用品展等一系列与之配套的商业文化服务,这就使画廊在商业运作中具有了多种功能。

与"吴门艺苑"画廊在同一层楼面的"吴门文物商店"也是购物中心近年设立的文物古玩经营部门,它不仅是苏州而且是江苏省大型百货商店中第一家以销售文物古玩为经营内容的店中店(图65)。走进"吴门文物商店",只见300多平方米的大厅内古色古香的柜架上货物琳琅而雅致。那瓷器专柜上,各类明清时期的青花、粉彩类瓷器,如人物罐、蒜头瓶、琼式瓶、龙纹盘、双耳尊、高足杯、盖碗等一应俱全;铜器杂件专柜上,错落有致地摆放着的是宋、元、明、清以及民国年间的,诸如漆金木雕佛像、珍舍永宝款三足铜香炉、乾隆鎏金麒麟坐像、黄寿山山水人物雕笔架、紫檀花鸟笔筒、白玉杯,以及各种墨盒、象牙挂牌、水盂、印章、印盒、花插、玉件、砚石等。"吴门文物商店"柜台的壁廊上还悬挂着

百 年 观 前

清朝至当代各时期已故名书画家的国画、山水、花鸟和扇面
画精品,让人常常驻足流连。为搞好文物古玩经营,商场还
特聘苏州数位文物和书画鉴定的专家,对收购的古玩杂件
及古旧书画一一进行鉴定把关,去芜存精,去伪存真,使货
架上的古玩商品既有一定的品位,又件件保真。

图 65　吴门文物商店

　　综上所述,观前的商业文化由来已久,如今又在不断地
繁荣发展。实际上,商业与文化自古以来就有着千丝万缕的
联系。作为苏城中心地区的观前商业如果一如既往地注重
其文化品位,不断提高其文化含量,那么,在今后的岁月中,
将更具有其他地区不可替代的优势。

今 日 观 前

20 世纪即将过去，我们将迎接新世纪的到来。就在这近百年的历史变化中，苏州也随之变大了。在这样大苏州概念下的观前，更是市中心的中心，商贸中的核心地区。

观前的繁华，出现了新的格局。观东以遥对观前街的长发商厦为龙头，正力图重振观东昔日雄风；1999 年，观前整治更新首期工程中新建的观东商城，气势宏大，更为观东的振兴撑起了市面。观西察院场口，早已是车水马龙，商厦林立。食品大厦、第一食品商店，已荟萃了食品的优势；第一百货商店俯瞰观前街，大有鲸吞观前生意之状；北侧景德路口还有新建的苏州商城紧随其后，欲将苏州的商市拉过去；横跨九胜巷口由工业品商城扩建成的购物中心，也已成为苏州最大的购物中心。观前街两头的阵势，早已将观前商市笼罩在繁荣的竞争之中。而北局的人民商场又经扩建翻建，以六十多年的声望坐镇中心地块，使观前的今天呈现出空前的繁荣。

百年观前

在观前街，上海豫园商城苏州商厦于 1996 年 10 月 1 日开业了。上海城隍庙与苏州玄妙观性能类同，而上海豫园商城能主动向外寻求发展开拓，并在苏州观前街参与竞争。上海首期投资 3 700 万元，后累计总投资达 7 000 万元，与苏州平江区贸易局远东房屋开发公司联营，经营上海名特优产品，特别是上海老庙黄金首饰、豫园小吃。在 4 楼的豫园小吃五六十种，价格比上海城隍庙还便宜。这对苏州实在是一个促进。竞争已来到山门前，苏州观前和玄妙观小吃再也不能夜郎自大，固步自封，只有奋起迎战，积极参与竞争，才能赢得顾客和声誉。

图 66　观前街整治规划图（局部）

改革开放大局对观前街提出了更高要求。观前街必须全面规划，整治更新了。

1999 年 1 月 6 日，观前整治更新首期工程开始，主要任务是整治观前街街景街貌（图 66），整治玄妙观周边和小公园地区环境，打通第七通道，改造观前街面，实现工程管线全部入地。交通是商贸中至关重要的因素。今天的观前在进出区内的 4 个主要路口即观东、观西、宫巷、牛角浜分

— 206 —

别建了大型停车场,以确保日均 20 万人次的人流进出。为了给拥挤的观前透口气,对出入观前的几个通道也相应作了调整和改造,最令人瞩目的是北局通观前的"第七通道"。北局小公园,本是文化娱乐中心、饮食中心,又有大型的人民商场,因此通向这里本来有六条通道,即东面的太监弄、珍珠弄、第一天门,南面的北局 1 弄,西面的北局 2 弄、青年路,但缺一条从小公园直通观前街的出入口。为了使小公园与观前街有便捷的联系,更好地贯通人气、财气,将观前与北局连成一气,便在新艺电影院西侧开一条 10 米宽的通道直达观前街,这条通道便被称为"第七通道"。

由于第七通道所处地段特殊,成了紧俏的黄金地段,那里的店铺最为抢手。据报载,在兰花街与第七通道交界处的 38 号地块成为经营者的必争之地,商家认为价有所值,有人甚至愿意以高价抢购。根据规划设计,第七通道东侧为一排 6 米至 8 米的商业铺面,西侧兰花街以南是一个带天棚的室内商业街,落地大玻璃窗门,高档的室内装饰和精品屋形成一个上档次、上水平的购物环境。在第七通道与观前街交接部位,临近兰花街,设有"幽兰如馨"小广场,以花架及树坛、花坛为主,形成一个浓荫遍地、幽兰飘香的室外休闲交流场所,展现了现代文明的优美环境。

在观前百年商市的繁荣过程中,除了百年老店等已有专题记述外,历史也应该记下观前今天几大商厦的功绩。

北局的人民商场前身是 1934 年 9 月建成开业的苏州国货商场股份有限公司,是当时全国四大国货公司之一。改革开放以来,商场抓住机遇,加快发展,1991 年以来,连续

百 年 观 前

多年进入全国百家最大规模、最佳效益零售商店行列,发展
成为苏州市零售行业的排头兵。1994 年,在全国百家最大
规模零售商店排序中,销售额列第 39 位,存货周转次数列
第 26 位,经营费用率列第 16 位,年平均每人销售额列第
11 位。由于建筑偏老、设备陈旧、营业面积受到限制,1993
年向南侧扩建总面积 2 万平方米新大楼,随后又翻建老大
楼,1996 年 9 月竣工开业,新老楼融为一体,营业面积达
2.5 万平方米。内设自动扶梯、观光电梯、电脑管理、电视监
控等现代化设施,经营商品达 8 万余种 35 万个品牌。又增
设了代办飞机、火车票,邮购等 20 余项服务项目,开设修理
一条街(图 67)。

图 67 苏州市人民商场

　　地处苏州市中心察院场口,向东正对观前街的第一百
货商店新大楼,于 1992 年 9 月 20 日建成开业。主体建筑 6
层,营业面积 6 400 万平方米。1995 年 12 月 23 日,作为市政
府实事工程之一的苏州第一百货商店 2 期扩建工程竣工开

— 208 —

业,营业面积增加到 1.4 万平方米,经营品种从 3 万余种扩大到 5 万种,并新增室内超级溜冰场,融购物、娱乐、观光、休闲为一体。

苏州工业品商场是苏州市屈指可数的集批发、零售为一体的综合性大型商场,自 1990 年 9 月 24 日开业以来,已成为全国大型零售商场百强企业之一。1995 年 9 月 24 日,市政府实事工程之一的苏州购物中心在观西察院场九胜巷口落成开业。在设计上除突出现代商业气息外,还兼顾到与原工业品商场的协调与连通,两楼能融为一体。主体共 6 层,地下室至 4 楼为营业场所,营业面积 2 万多平方米,拥有 12 台自动扶梯和 3 台客梯,共设 22 个经营部,经营 30 多个大类,12 万品种规格不同的商品,成为名副其实的苏州购物中心。

为了适应改革开放深入发展的需要,迎接 21 世纪,苏州市政府按"恢复特色、突出品牌、整体定位、功能互补"的原则,对观前街商业布局作了较为严格的规定。观前街明确为名品、名店一条街,原则上不安排餐饮行业进入。为此,观前百年老店观振兴只好迁入宫巷碧凤坊,由那里连接太监弄组成餐饮一条街。第七通道主营旅游工艺品,兰花街为妇女用品街。来到优美的小公园广场,可以在坐椅上憩息,或在休闲廊漫步,观赏广场旱喷泉。

在主街道观前街上,各店铺外墙立面、材质、颜色、灯类都作了整体规划,要求给人以清淡素雅的感觉。原来的观前街由于各店铺经济实力不同,开张先后不同,且各自为政,致使整条街上建筑立面各不相同,许多老字号外部装饰平

百年观前

淡无味,体现不出其深厚的文化内涵,一些连体建筑因分租给多家单位经营,更是门面大小不一,装修色调凌乱。经这次规划整治,遵循整齐美观的原则,老字号店招为黑底金字,配以射灯映照,其余店招则用霓虹灯勾勒。商家的广告灯箱、橱窗也在重新包装设计后统一使用各种灯光。这样,观前整治工程正是为"观前"这块金字招牌重塑新匾,再描金字。脱胎换骨式的整治更新,使观前地区产生了极大的商业号召力和吸引力。旧名新匾、旧地新构、旧市新商,引发了竞争效应。在"公开、公正、公平"原则下进行的观前招商,激活了传统老字号的经营理念和创新机制;较为严格科学的商业布局和功能定位,又规范了商业的有序竞争;招商引来参与竞争的新手,对观前的繁荣亦将作出新的贡献,让消费者眼睛一亮的新店家也成为观前街新的风景线。

经过规划整治后的观前街,观东形成了以小开间为主的店面,有苏州传统中清秀典雅的风格;中段以玄妙观为中心,恢复传统的道教文化色彩(图68);观西以现代建筑为主,但又带有传统风格。观前街的道路改一般街道的拱形为更适合步行的平面道路。东西入口广场及玄妙观正山门广场以40×60厘米的花岗石铺成,其余路面以各式广场砖为主,并设置导盲道和残疾人道,由此营造出观前浓厚的传统风貌及现代气息。

一个集商业、旅游、文化、宗教为一体的步行商业街将呈现在大家的面前,这就是苏州格调高雅的城市中心。待到华灯初上,观前街所有建筑上安装的轮廓灯将把新老店铺勾勒得秀美挺拔,如出水芙蓉,楚楚动人。在反射灯、霓虹

— 210 —

今日观前

灯、街灯的映照下，观前街显得愈益亮丽繁华，欣欣向荣，流光溢彩，绚丽多姿。

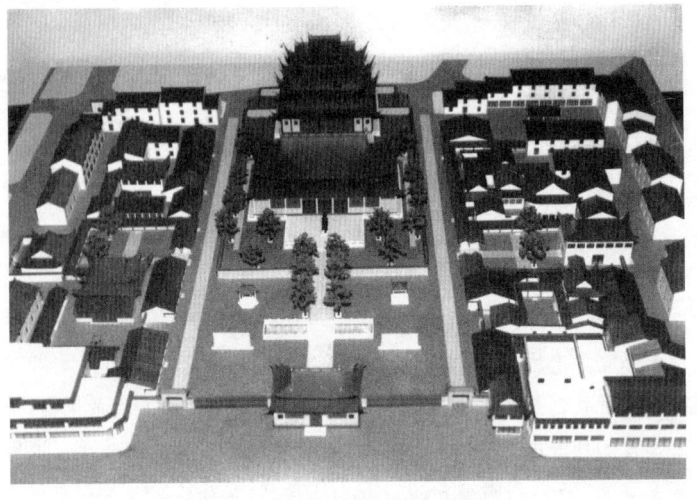

图 68　玄妙观整治规划模型

　　名重江南、驰誉五湖四海的姑苏第一街，谱写了并继续谱写吴文化灿烂的篇章。观前的今天，是苏州的象征，苏州的历史、文化、商市、风俗都会在这里辐射、聚焦。你要认识苏州，就请到观前来，走一走，看一看，荡一荡。观前会给你欣喜，给你实惠；给你休闲，给你游乐；给你眼福，给你口福；给你熏陶，给你解读；给你深思，给你回味。雅俗共赏的观前街，正恭候你的大驾光临！

附　录

黄昏的观前街

郑　振　铎

我刚从某一个大都市归来。那一个大都市,说得漂亮些,是乡村的气息较多于城市的。它比城市多了些乡野的荒凉况味,比乡村却又少了些质朴自然的风趣。疏疏的几簇住宅,到处是绿油油的菜圃,是蓬蒿没膝的废园,是池塘半绕的空场,是已生了荒草的瓦砾堆。晚间更是凄凉。太阳刚刚西下,街上的行人便已"寥若晨星"。在街灯如豆的黄光之下,踽踽的独行着,瘦影显得更长了,足音也格外的寂寥。远处野犬,如豹的狂吠着。黑衣的警察,幽灵似的扶枪立着。在前面的重要区域里,仿佛有"站住!""口号!"的呼叱声。我假如是喜欢都市生活的话,我真不会喜欢到这个地方;我假如是喜欢乡间生活的话,我也不会喜欢到这个所在。我的天!还是趁早走了吧。(不仅是"浩然",简直是"凛然有归志"了!)

归程经过苏州,想要下去,终于因为舍不得抛弃了车票上的未用尽的一段路资,蹉跎的被火车带过去了。归后不到三天,长个子的樊与矮而美髯的孙,却又拖了我逛苏州去。早知道有这一趟走,还不中途而下,来得便利么?

我的太太是最厌恶苏州的,她说舒舒服服的坐在车上,走不了几步,却又要下车过桥了。我也未见得十分喜欢苏州:一来是,走了几趟都买不到什么好书;二来是,住在阊门外,太像上海,而又没有上海

— 212 —

附　录

的繁华。但这一次，我因为要换换花样，却拖他们住到城里去。不料竟因此而得到了一次永远不曾领略到的苏州景色。

我们跑了几家书铺，天色已经渐渐的黑下来了，樊说，"我们找一个地方吃饭吧。"饭馆里是那末样的拥挤，走了两三家，才得到了一张空桌。街上已上了灯。楼窗的外面，行人也是那末样的拥挤。没有一盏灯光不照到几堆子人的，影子也不落在地上，而落在人的身上。我不禁想起了某一个大城市的荒凉情景，说道，"这才可算是一个都市！"

这条街是苏州城繁华的中心的观前街。玄妙观是到过苏州的人没有一个不熟悉的；那末粗俗的一个所在，未必有胜于北平的隆福寺，南京的夫子庙，扬州的教场。观前街也是一条到过苏州的人没有一个不曾经过的；那末狭小的一道街，三个人并列走着，便可以不让旁的人走，再加之以没头苍蝇似的乱钻而前的人力车，或箩或桶的一担担的水与蔬菜，混合成了一个道地的中国式的小城市的拥挤与纷乱无秩序的情形。

然而，这一个黄昏时候的观前街，却与白昼大殊。我们在这条街上舒适的散着步，男人，女人，小孩子，老年人，摩肩接踵而过，却不喧哗，也不推拥。我所得的苏州印象，这一次可说是最好。——从前不曾于黄昏时候在观前街散步过。半里多长的一条古式的石板街道，半部车子也没有，你可以安安稳稳的在街心踱方步。灯光耀耀煌煌的，铜的，布的，黑漆金字的市招，密簇簇的排列在你的头上，一举手便可触到了几块。茶食店里的玻璃匣，亮晶晶的在繁灯之下发光，照得匣内的茶食通明的映入行人眼里，似欲伸手招致他们去买几色苏制的糖食带回去。野味店的山鸡野兔，已烹制的，或尚带着皮毛的，都一串一挂的悬在你的眼前——就在你的眼前，那香味直扑到你的鼻上。你在那里，走着，走着。你如走在一所游艺园中。你如在暮春三月，迎神赛会的当儿，挤在人群里，跟着他们跑，兴奋而感到浓趣。你如在你的

— 213 —

百年观前

少小时，大人们在做寿，或娶亲，地上铺着花毯，天上张着锦幔，长随打杂老妈丫头，客人的孩子们，全都穿戴着崭新的衣帽，穿梭似的进进出出，而你在其间，随意的玩耍，随意的奔跑。你白天觉得这条街狭小，在这时，你，才觉这条街狭小得妙。她将你紧压住了，如夜间将自己的手放在心头，做了很刺激的梦；她将你紧紧的拥抱住了，如一个爱人身体的热情的拥抱；她将所有的宝藏，所有的繁华，所有的可引动人的东西，都陈列在你的面前，即在你的眼下，相去不到三尺左右，而别用一种黄昏的灯纱笼罩了起来，使它们更显得隐约而动情，如一位对窗里面的美人，如一位躲于绿帘后的少女。她假如也像别的都市的街道那样的开朗阔大，那末，你便将永远感不到这种亲切的繁华的况味，你便将永远受不到这种紧紧的箍压于你的全身，你的全心的燠暖而温馥的情趣了。你平常觉得这条街闲人太多，过于拥挤，在这时却正显得人多的好处。你看人，人也看你；你的左边是一位时装的小姐，你的右边是几位随了丈夫父亲上城的乡姑，你的前面是一二位步履维艰的道地的苏州老，一二位尖帽薄履的苏式少年，你偶然回过头来，你的眼光却正碰在一位容光射人，衣饰过丽的少奶奶的身上。你的团团转转都是人，都是无关系的无关心的最驯良的人，你可以舒舒适适的踱着方步，一点也不用担心什么。这里没有乘机的偷盗，没有诱人入魔窟的"指导者"，也没有什么电掣风驰，左冲右撞的一切车子。每一个人都是那末安闲的散步着，散步着；川流不息的在走，肩摩踵接的在走，他们永不会猛撞着你身上而过。他们是走得那末安闲，那末小心。你假如偶然过于大意的撞了人，或踏了人的足——那是极不经见的事！他们抬眼望了望你，你对他们点点头，表示歉意，也就算了。大家都感到一种的亲切，一种的无损害，一种的无忧无虑的生活；大家都似躲在一个乐园中，在明月之下，绿林之间，悠闲的微步着，忘记了园外的一切。

那末鳞鳞比比的店房，那末密密接接的市招，那末耀耀煌煌的灯光,那末狭狭小小的街道,竟使你抬起头来,看不见明月,看不见星光,看不见一丝一毫的黑暗的夜天。她使你不知道黑暗,她使你忘记了这是夜间。啊,这样的一个"不夜之城"!

"不夜之城"的巴黎,"不夜之城"的伦敦,你如果要看,你且去歌剧院左近走着,你且去辟加德莱圈散步,准保你不会有一刻半秒的安逸;你得时时刻刻的担心,时时刻刻的提防着,大都市的灾害,是那末多。每个人都是匆匆的走马灯似的向前走,你也得匆匆的走;每个人都是紧张着矜持着,你也自然得会紧张着,矜持着。你假如走惯了黄昏时候的观前街,你在那里准得要吃大苦头,除非你已将老脾气改得一干二净。你假如为店铺的窗中的陈列品所迷住了,譬如说,你要站住了仔仔细细的看一下,你准得要和后面的人猛碰一下,他必定要诧异的望了望你,虽然嘴里说的是"对不起",你也得说,"对不起",然而你也饱受了他,以至他们的眼光的奚落。你如走到了歌剧院的阶前,你如走到了那尔逊的像下,你将见斗大的一个个市招或广告牌,闪闪在放光;一片的灯火,映射得半个天空红红的。然而那里却是如此的开朗敞阔,建筑物又是那末的宏伟,人虽拥挤,却是那样的藐小可怜,Taxi 和 Bus 也如小甲虫似的,如红蚁似的在一连串的走着。大半个天空是黑漆漆的,几颗星在冷冷的眱着眼看人。大都市的荣华终敌不住黑夜的侵袭。你在那里,立了一会,只要一会,你便将完的领受到夜的凄凉。像观前街那样的燠暖温馥之感,你是永远得不到的,你在那里是孤零的,是寂寞的,算不定会有什么飞灾横祸光临到你身上,假如你要一个不小心,像在观前街的那末舒适无虑的亲切的感觉,你也是永远不会得到的。

有观前街的燠暖温馥与亲切之感的大都市,我只见到了一个委尼司;即在委尼司的 St. Mark 方场的左近。那里也是充满了闲人,充满了紧压在你身上的燠暖的情趣的;街道也是那末狭小,也许更要狭,行人也是那末拥挤,也许更要拥挤,灯光也是那末辉辉煌煌的,也

百年观前

许更要辉煌。有人口口声声的称呼苏州为东方的委尼司;别的地方,我看不出,别的时候,我看不出,在黄昏时候的观前街,我却深切的感到了。——虽然观前街少了那末弘丽的 Piazza of St. Mark,少了那末轻妙的此奏彼息的乐队。

(选自《郑振铎文集》第二卷,人民文学出版社 1963 年 3 月初版)

苏州观前大街的黄昏

浮　萍

当太阳落到苏州城墙脚下时,观前大街醒了。我说它醒,是因为太阳高照的时候,观前大街是很静的,是呆的,像睡去了一样;没有多少行人,没有热闹的市面。但是在黄昏时,整个的观前大街却动了,活了,是醒了过来;街上行人拥挤,每一家店铺中都有了顾客。

观前大街是苏州城里的市中心。我现在所说的观前大街是连"观"的本身也包含在内的。这似乎是不通,但是只要你对于苏州稍熟悉一点,就会晓得我的意思并没有什么不对。"倷到落里搭去?"这个问话假定是你在苏州听到的,而回答如果是:"到观前街去!"等一会你就可以看见答话人在"观里"徘徊。

所谓观前"大街",在想象中应当是一条长而阔的街。然而在你到了苏州之后,便被证实你是想象错了。观前大街是东西向的街,东头顶着南北向的临顿路,西头抵着护龙街,那也是一条南北向的路。你从东头走到西头,脚步不必紧,六七分钟就可以走完。街的正中停放着人力车,将本已不是很宽的街中分作两条;每边有两辆人力车可以并排行的那么宽。街的两旁有很狭的街阶,或人行道。若是你的身躯有我这样长,你在街阶上踱着时,你的帽子常会被悬着的招牌或招旗,或市窗的篷架碰掉。但是这并不是它们被悬得太低,而是你太长了。因为若以苏州人的一般长矮比较,所悬的是并不低的。

既然叫做"观"前大街,当然"观"应居在重要的地位。"观"就是玄妙观。那是位在街的正中的一段。玄妙观的右边一排房子的旁边,黄

百 年 观 前

天源门口弥漫着白烟的时候,观前大街的黎明时候到了。车辆行人这
时已不像以前那样的稀少。玄妙观里的各种卖物的摊子或店铺都已
收拾得齐齐整整,准备接应生意。黄天源是一家点心铺子,规模并不
大,点心的种类也不多,但所有的点心,虽然别处也有同样的,似乎没
有出奇的地方,但只要你稍尝一二样,你就可以明了那滋味是如何的
与众不同了。

　　你从黄天源的楼上望观前大街,像从一幅完整的图画上看到图
画的最精彩的一部分。西边街阶上来往的人很多,那么多,像是在挤
着来去。其中有男的,有女的,有老的,有少的,有美的,有丑的,但是
很少不是衣服穿得很华丽的。上海所认为时新的衣样,苏州人都不会
不在观前大街展览。你看见人多拥挤,一定以为都是很忙的,但每
人行路的脚步又都不急,你可以分辨得出女人脚上宫鞋上的绣花,分
明告诉你这不过是来徘徊的。"荡观前"是苏州人每日生活中的重要
生活。若是你认清几个脸,认清几种行路的步式,看见他们走向前去,
从别人的身旁擦过,从街的这一边越过到那一边,但不久你又会看见
你所认清的那脸,你所能分辨的步式,又踱回来了,还是那样的挤擦
或是越过。黄昏时的观前大街是一条忙街,徘徊的人像血脉的流动,
使观前大街活起来。而徘徊的目的,说来难使人相信:男人是为着看
女人,同时也给女人看;女人也是为的看男人,也给男人看。所以你在
黄昏时走过观前大街时,可以嗅到各种的香味从男人和女人的头上、
身上发出;你可以看到各样的装饰陈列在男人的和女人的头上、身
上。你在别处以眼光盯在一个女人的脸上,会遭斥骂的,但你在观前
大街可以随意的跟着一个女人走,她绝不会讨厌你,决不会使你难
堪。因为她到"观前"来徘徊,正是希望有人赏识她的美,欢迎身后跟
着一个男人。不然她会懊丧她的衣饰以及化妆的不如人的。

　　黄昏时观前大街上所有的脸都有闲适的神情。我不是已经说过,
因为人都来徘徊的吗?但是徘徊是有疲乏的时候的,或是徘徊时会觉

— 218 —

附　录

得无聊的,观前大街的食品店的生意兴隆便不是没有理由了。你从以面食出名的老丹凤走过,可以听见击锅的声音不断的响着,或是偶然抬头可以看见以"随意小吃"闻名的松鹤楼上的人影稠密。从这些情形你可以想象得出当一个人疲倦了的时候,坐下来拣一些精细可口的食品从容的吃喝是多么的逍遥! 你走过苏州无人不知的专卖糖果瓜子的稻香村、采芝斋、叶受和门口,你可以看见一个一个安闲的脸带了大小包,从店里走到街上,一点一点的吃,继续在"观前"的这一端踱到那一端。

玄妙观里是以三清殿为中心点。那里供着的偶像很少人看清它的脸样。但是你常可以看见有人跪在那儿膜拜。在殿门上悬着一块匾,上面是"妙一统元"四个字。并没有下款在匾上。许多人说,那是金兀术写的。我不曾作过考证。这个传说是否有正确性不得而知。但是另外还有一个传说更难证实。据说,这是一块新匾;原来的那块旧匾被风雨摧毁了,有一位"善士"愿重修新的换上,但上面的"一"字,已毫无痕迹,虽请了许多书法家摹补,总不合式。这真使那位"善士"心有余而力不足了。幸而不久有一位不识字的乡人自告奋勇,说他自己就会写,但是没有人相信。后经那个乡人再三要求一试,才让他挥笔。谁知他将笔从右到左一横,写成一个与原来丝毫无异的"一"字。你信吗?

殿左是"茶馆区",但是只有两家茶馆,此外算卖鸟的摊子最多,那么我为什么称它为"茶馆区"呢?那是因为卖鸟的人或看鸟的人,都是坐在茶馆里先品价鸟,然后仍坐在茶馆里谈买卖的交易。你坐在那儿可以看见一个人将粟子向上抛去,膀上的黑鸟会追到空中将那粟子将嘴接了;你又可以看到一个人将一叠香烟包里的画片放在桌子上,从笼中放出一只麻雀来,它会将嘴从那一叠中衔出一张画片;你可以听到一只鹦鹉对着你高声的说:"倷阿要买之我去?"你也可听到一只鸟得意唱着。这个地方和殿右差不多完全是两个性质。因为在

— 219 —

百年观前

前面那个地方的人们以坐着为主,而后面这个地方却以站着为主。因为在那儿是一只一只桌子,坐着"算命先生",设着"命馆",围着,挤着很多旁听的人。你可以看见那些"算命先生"脸上是那样的正经,认真的一字一句的对他的顾客说。顾客和旁听的人很不易分类;有男人,有女人,有穿长衫的,有穿短褂的,也有穿西服的。"算命先生"沉重的说着,顾客和旁听的人静悄悄的听着。往往在顾客连连点头的时候,若是你回转头来看那坐旁听的人,许多是张着嘴呆立着,像是等待谁挟一点食品送到他们嘴里。不然,那些闭着嘴的人必是将头慢慢的挥着,像是拿头额在空中画圈子。

我常听到人说,"精彩的在后面呢!"尤其是你在戏院里时易听到。玄妙观的精彩就在后面,就是三清殿的身后。那里有一群一群的人。那是平民的娱乐场;在那儿可以拣你喜欢的娱乐,只要花去五六个铜元就很可以快快活活的度过一个黄昏。一群人围着的是男女对唱的苏州滩簧,另外一群是听唱马前泼水,又一群是看一个穿红裤子的斜眼的女子走索子,再一群是看"魔术",而最大的一群是在听"小热昏",两个人各立在一张凳子上,中间是一个架子上放了板子作成的高脚小桌子,那上面放着一只小箱子。那两个人说一阵,于是唱,于是再说,于是再唱。大约一刻钟就歇一会,就了一把茶壶嘴喝一阵;于是就叫听众买他们的梨膏糖。你可以不抛铜元上去,但是你不能在这个时候溜走,不然他们会用各种不堪听而听了必使你脸红的话骂你。他们唱的和说的范围没有一定;有时他们将时事编成调子,有时他们拿你从来没有读过的或听过的故事来娱乐他们的听众,而有时他们会就当时偶然发生的事故,例如两个人忽然争什么打了起来,或一个人走过时不留神跌了等来做他们的资料,他们能即刻编成调子唱,每句有韵,字字传神,使一般的文艺作家惊服。

听完了"小热昏"必是六时左右。你可以到就在你站的地方相近的帐篷中去吃一碗"豆腐花",那只不过十五个铜元就够了。味是描写

附　录

不出的，虽然我可以告诉你那是以最嫩的豆腐，以酱油、麻油、虾米、肉松拌合的。那味道真美，只有这一点点我可形容。

　　黄昏时的观前街可以比拟上海的城隍庙，但这只就其热闹而言，性质上完全不同。观前大街的性质很像北平的天桥，但是它有整齐的和堂皇的店铺又是天桥所不可及的。

　　　　　　　　（选自《太白》第 1 卷第 9 期，1935 年 1 月出版）

观光玄妙观

周瘦鹃

同志,您到过苏州吗?如果到过苏州,那么您一定逛过玄妙观了。因为它坐落在城市的中心,仿佛一头巨兽,张口雄踞在那里,一天到晚,不知要吐纳多少人。它的东西南北,都有通道,而前面的那条大街,就因这座玄妙观而称为观前街,可说是苏州市商业的心脏,一个最繁盛的地区。

远在公元二七七年前后,距今大约已有一千六百八十多年了,时在晋代咸宁中叶,苏州就有一个真庆道院,是道教的圣地;相传当初吴王阖闾,曾在这个地点兴建他的宫殿,壮丽非凡。到得公元七二八年前后,在唐代开元中叶,就改名为开元宫。末了有将军孙孺勾结朱金忠兴兵叛变,攻入苏州,烧开元宫,只剩下了正殿和山门巍然独存,乱平,才重行修建。到公元一〇〇九年,即宋代大中祥符二年,又改名为天庆观,淳熙六年,那正中供奉圣祖天尊的圣祖殿突然失火,随即重建,改名为三清殿,直到如今。公元一二六四年,即元代至元元年,把天庆观改名为玄妙观。至正末年,张士诚起义失败,在兵乱中又毁于火。公元一三七一年,即明代洪武四年,玄妙观早已修复,又改名为正丛林。到了清代康熙年间,因康熙帝名玄烨,为了避讳之故,改作圆妙观。以后由清代中叶以至民国,却又恢复了玄妙观的旧称。看了玄妙观的历史沿革,真是变化多端,建了又毁,毁了又建,连名称也一改再改,莫名其妙,足见保存一个古迹,真是不是容易的。

玄妙观中原有二十五殿、是个建筑群,现在却只剩下祖师殿、真

附　录

人殿、天后殿、雷尊殿、星宿殿、火补殿、机房殿、药王殿、文昌殿、太阳宫，再加上一个最近失火被毁的东岳殿，已不到半数了。正中的三清殿，是最大的一个，俨然是各殿的老大哥。殿中供奉着三尊像，就是三清像，每尊各高五丈许，金光灿烂，宝相庄严。据旧时志书载称，殿高十二丈，用七十四根大柱子支撑着，这大概是原始的记录，足见建筑的雄伟。可是为了历代迭经改建，早就打了个很大的折扣，殿上盖着两重大屋顶，四角有高高翘起的飞甍，屋脊两端的大龙头，还是宋代的砖刻，十分工致。正中有铁铸的平升三载，也是古意盎然。殿内的承尘上，原有鹤、鹿、云彩和暗八仙等彩绘的藻井，所谓暗八仙，就是传说中的八仙吕洞宾铁拐李等所佩带的宝剑、胡芦等八种东西，本是丰富多彩的，却因历年来点烛烧香，乌烟瘴气，以致模糊得模糊不清了。西壁上有挺大的一块石刻"老君"画像，原是唐代大画家吴道子的手笔，而是由宋代名手照刻的，上面还有唐玄宗的像赞和颜真卿的题字，自是一件宝贵的文物。殿前横额，是朱地金字的"妙一统元"四字，笔致遒劲，并不署名，相传这还是元代金兀术的真迹；像他这么一个喑呜叱咤的异族武夫，怎么写得出这一手好字，这毕竟是民间传说罢了。那么是谁写这四个字的呢？其实是清初吴江的书家金之俊，曾有人说他是金圣叹的叔父，却不可靠。殿门有一座青石的平台，三面石阑，原是五代遗制，由巨匠加工雕刻而成，在艺术上自有一定的价值，不过现在只有残存的一部分了。

　　老一辈的苏州人，总津津乐道三清殿后面原有的一座弥罗宝阁，是当时整个玄妙观中最精美的建筑物，上下共三层，像三清殿一般高大，据说是明代正统年间，由巡抚周忱和苏州知府况钟监造的。人们要是看过名满天下的昆剧《十五贯》，总很熟悉这两个人物，在那个时代是苏州不可多得的好官。这座阁共有六十根用青石凿成的大柱子，每柱各有六面，一共就有三百六十面，面面雕着天尊像，并且全有名号，作为一年三百六十周天的象征，倒也很有意思。阁上第一层供奉

— 223 —

百年观前

着"万天帝主",左右供奉着三十六天将;第二层上供奉着"万星帝主",左右供奉着"花甲星宿如尊";第三层上有刘海蟾像的石刻,原来是松江大画家杨芝所画的。清初词人陈其年秋日登弥罗宝阁,曾宠之以词,调寄《沁园春》云:"肃肃多阴,萧萧以风,危乎高哉。见飞甍复槲,虹霓缪辖,梅梁藻井,龙鬼毡毺。灯烛晶荧,铎铃戛触,虎篆雷音百幅裁。锵剑佩,是南陵朱鸟,北极黄能。 玲珑月殿云阶,况珠斗斓斒绝点埃。正井公夜戏,犀枰象博;麻姑尽降,绣帔瑶钗。叱日呼烟,囚蛟锁魅,五利文成未易才。银鸾背,笑蟾蜍窟里,金粟争开。"读了这首词,可以想象当年的盛况。可惜四十年前,阁中不知怎样起了一场大火,竟化为灰烬了。后由地方士绅在这里造了一座中山堂,用以纪念孙中山先生。解放以后,一度改作第一工人俱乐部,给工人兄弟们作为文娱活动的场所。近三年来,南门已造好了工人文化宫,这里就改为观前电影院。要是有谁发思古之幽情,提起弥罗宝阁来,大家都会茫然哩。

可不要小觑了这一座城市中的小小道观,据说旧时内外竟有三十六景之多,内景外景,各有十八个;其实无所谓景,只是历代留下的许多古迹。可是为了一年年饱阅沧桑,有的虽还存在,大半却已找不到遗迹了。现在可以供我们流连欣赏的,不过是三清殿前那座青石平台上的一部分石阑和殿内那块吴道子所画老君像的石刻;此外引人注目的,那就是殿外东面地上的一大块没字碑,巍巍然耸立在那里,已经几百度春秋了。原来明代洪武年间,大文学家方孝孺写了一篇大文章,就有人给刻在这块碑上,铁划银钩,不同凡品。后来朱棣硬从他侄子的手里篡夺了皇位,自称永乐帝;定要方孝孺给他写一道诏书,诏告天下。方孝孺天生一副硬骨头,誓死不从,因此贡献出了他的生命;并且十族都被株连,同遭惨杀,连这大石碑上的碑文也不能幸免,全被铲除,就变成了一块没字碑。然而这碑上虽不着一字,却永远默默地在控诉着暴君的罪恶。

附　录

　　其他列入三十六景之内的,有水火亭、四角亭、六角亭、五十三参、一人弄、五鹤街、一步三条桥、和合照墙、麒麟照墙、望月桶、三星池、七泉眼、半月石水盂、运木古井、鱼篮观音碑、靠天吃饭碑、永禁机匠叫歇碑、八骏图石刻、赵子昂手书三门记石刻、坐周仓立关公像等等,真是五花八门,名目繁多,可惜的是现在十之七八都已找不到了。祖师殿前庭,有一座长方形的古铜器,名"武当山",似是殿宇的模型,高四尺许,横五尺许,下有石座,高四五尺,这铜器铜色乌黑,上有裂纹,据说是宋代的作品,虽不像夏鼎商彝那么名贵,却也是玄妙观的一件"传家之宝"。

　　玄妙观中并没有什么宝塔,而三十六景内却有所谓"双宝塔",其实并不是真的宝塔,而是东岳殿前庭的两株大银杏树,相传是宋代的遗物,分立两边,亭亭直上,好像是两座宝塔一样。每一株的树干粗可二三个合抱,枝叶四张,绿沉沉地荫满一庭;虽非宝塔,却是玄妙观的宝树。不料前年东岳殿失火,祸延银杏,直烧得焦头烂额,面目全非,虽然生机未绝,也不过苟延残喘罢了。

　　过去的玄妙观,全是些杂货和饮食的店和摊,以及所谓"九流三教"的营生,全都集中在这里,杂乱无章,简直把那些富有历史价值和艺术价值的古文物,全都掩没了。一九五六年春,苏州市人民委员会就鸠工庀材,把它整理起来,顿时焕然一新,给观前街生色不少。正山门的两翼,有两座新式的三层大楼,一般人以为跟古式的正山门不大调和,何必画蛇添足?其实这是早就有了的,拆去未免可惜,所以刷新了一下,利用它们辟作商场。现在东面的大楼,是工艺美术品的陈列馆和服务部,苏州著名的刺绣、缂丝、雕刻、檀香扇等,应有尽有,满目琳琅,充满着艺术的气氛,使人目迷五色,恋恋不忍舍去。

　　玄妙观整修以后,古为今用,曾不止一次地在三清殿举行文物展览会和书画展览会;而最为别致的,是举行过一个饮食品展览会,给"吃在苏州"作了一个有力的说明。会中陈列佳肴美点一千余种,都是

百年观前

全市制菜制点名手的劳动结晶品。每一种佳肴和每一种佳点,都有一个五色缤纷的结顶,用各种色彩的面和粉做成人物、花果、龙凤、"暗八仙"、十二生肖等等,制作非常精巧,不知要费多少工夫。内中最引人注目的,是黄天源冯秉钧老师傅手制的一座三清殿全景,全用糯米粉制成,黑白分明,色调朴素,每一扇门,每一根柱子,都很精细地给塑造了出来,连殿前平台的三面石阑和一只古铜鼎,也一应俱全,真是一件匠心独运的艺术品,只有体力劳动和脑力劳动互相结合起来,才有这样美好的成果。

这一座年高德劭享寿一千六百多岁的玄妙观,终于换上了崭新的面貌,返老为画了。加上这几年来从事绿化,辟了花圃,种了许多柏、榆、桂和桃树等,更见得勃勃有生气。一年到头,不但苏州市民趋之若鹜,就是在各地来的游客以及国际友人们的游览日程表上,"观光玄妙观"也是一个必要的节目。

(选自《雨花》1961年第 9 期)